# 产教融合一体化育人策略与实践

黄 佳 著

中国原子能出版社

**图书在版编目（CIP）数据**

产教融合一体化育人策略与实践 / 黄佳著. -- 北京：中国原子能出版社，2021.7
ISBN 978-7-5221-1151-3

Ⅰ. ①产… Ⅱ. ①黄… Ⅲ. ①产学合作—研究—中国 Ⅳ. ① G520

中国版本图书馆 CIP 数据核字（2021）第 142573 号

**产教融合一体化育人策略与实践**

**出版发行** 中国原子能出版社（北京市海淀区阜成路 43 号 100048）
**策划编辑** 杨晓宇
**责任印刷** 赵 明
**装帧设计** 王 斌
**印 刷** 天津和萱印刷有限公司
**经 销** 全国新华书店
**开 本** 787mm×1092mm 1/16
**印 张** 10
**字 数** 180 千字
**版 次** 2022 年 1 月第 1 版
**印 次** 2022 年 1 月第 1 次印刷
**标准书号** ISBN 978-7-5221-1151-3 **定 价** 68.00 元

**网 址：** http//www.aep.com.cn **E-mail：** atomep123@126.com
**发行电话：** 010-68452845

## 作者简介

黄佳，女，汉族，出生于1983年8月，浙江浦江人，浙江万里学院设计艺术与建筑学院教务办主任、助理研究员，毕业于杭州电子科技大学，项目管理领域工程硕士研究生。主要研究方向：高等教育管理，主持市厅级教科研课题2项、局级2项，参与省部级教学研究项目5项，发表教科研论文10篇。

# 前 言

随着我国经济结构不断转型升级，对应用型人才的需求不断扩大。突破人才培养的制度壁垒，形成一个同时注重应用性技能与学术创造性的教育模式，以多样性人才培养体系，取代过去将学术置于顶端、技能置于底端的“金字塔型”教育体系，是现代职业教育的重要工作。事实上，转型指导意见已在上述方面迈出了重要的步伐，国家三部委提出的“22条转型发展”重大决策从某种意义上来说标志着我国高等教育“重技重能”时代的来临，标志着“对‘手’的教育”的理性回归。因此，构建“产教融合”协同育人机制正在成为一种世界性的潮流。

产教融合一体化育人是把“产教结合、校企一体”作为一种全新的教育发展模式，主要是指学校根据所设专业，积极开办专业产业，把产业与教学密切结合，相互支持，相互促进，建立集人才培养、科学研究、科技服务为一体的产业性经营实体，形成学校与企业浑然一体的办学模式，它是高等教育在长期的教育实践和理论探索基础上逐步形成的办学思路和希望达到的发展状态。在教育部编制《现代职业教育体系建设规划》的时代背景下，产教融合校企一体化育人同样是高等教育改革的重要方向，在我国高等教育的大众化阶段，更应注重学生应用技能培养。

全书共六章。第一章为绪论，主要围绕产教融合概念的提出、产教融合的基本内涵、产教融合的功能与作用三方面展开；第二章为我国产教融合一体化育人的现状，主要围绕我国产教融合的发展现状、我国产教融合取得的成就、新时期产教融合面临的挑战逐层深入推进；第三章为国外产教融合一体化育人模式分析，主要围绕德国“双元制”模式、美国“合作教育”模式、英国“BTEC”模式、日本产教融合模式、国外产教融合发展实践的经验借鉴等内容展开；第四章为产教融合与校企一体化机制，主要围绕产教融合与校企一体化的要素、产教融合与校企一体化的路径、产教融合与校企一体化的模式三方面展开；第五章为产教融合与校企一体化的教学创新，主要围绕产教融合与校企一体化的专业建设、产教融合与校企一体化的课程建设、产教融合与校企一体化的师资队伍建设三方面展开；第六章为产教融合一体化育人模式的构建路径，主要围绕高校产教融合的改进路径、产教融合理念下的人才培养模式、产教融合理念下人才培养模式的创新等内容展开研究。

为了确保研究内容的丰富性和多样性，在阅读大量相关学者专家著作文献的基础上，分析高校产教融合校企合作一体化育人的类型、特点、客观问题以及问题存在的原因，构建科学完善的产教融合校企合作育人机制，以期为提升高校育人质量作出贡献。在此向相关的专家学者们表示衷心的感谢。

最后，限于作者水平，加之时间仓促，本书难免存在一些疏漏，在此，恳请同行专家和读者朋友批评指正！

作　者

2021 年 1 月

# 目录

# 第一章 绪论

产教融合就是将生产与教育有机结合起来，实现理论与实践知识传授的有机协调与融合，以此来提高实践能力。本章主要介绍了产教融合的内涵，通过思考产教融合的发展动力，来探讨实现产教融合的有效途径，以充分了解产教融合的概念及其必要性，促进职业教育和产业之间的有效合作，培养出符合社会需求的专业人才，加强学校与企业之间的交流，实现产教一体化，推动现代教育事业的可持续发展。

## 第一节 产教融合概念的提出

### 一、产教融合概念述说

#### （一）国内产教融合概念发展

目前，国内对产教融合还没有统一公认的定义，综合众多学者的核心思想，可以理解为产教融合是一种教育与社会经济生产实践及社会服务紧密合作的过程，是教育与生产劳动相结合的教育思想在职业教育实践中的运用。

不同学者对产教结合的内涵有着相似的理解。产教融合不是简单的校企合作对接。双方通过合同的方式进行资源的有效整合，共同培养高素质、高技能的人才，解决了人才供需双方的矛盾，最终促进区域经济的发展。

#### （二）产教融合概念

对于产教融合的定义，一种简单的观点认为产教融合就是校企合作，把产与教的主体仅仅狭隘地圈定为“企业”与“学校”，认为产教融合是指育人过程中生产与教学的融合，包括两个方面：一是教育教学过程与生产工作过程的融合，是育人方式上的融合；二是教育教学内容与生产技术技能的融合，是育人内容上的融合。

微观层面上理解，产教融合是企业生产活动与学校教学活动相对接融合的人才培养模式。从宏观层面理解，产教融合是产业体系与学校专业教育体系紧密结合的人才培养模式[1]。一般来说，产教结合是产业系统与教育系统整合形成的有机整体。具体来说，产教结合是指教育部门（主要是高校）和产业部门（行业、企业）充分依托自身优势资源和优势，以互信、契约为基础，以服务经济转型和满足需求为出发点，以协同教育为核心，以合作共赢为动力，以校企合作为主线，以项目合作和技术合作为主线，以技术转让和联合开发为载体，文化融合作为产业、教育等各要素的优化组合和高度融合的支撑，是经济和教育活动的主要参与者相互配合的产物。

相比于微观层面的产教融合，宏观层面的产教融合认知水平提升到了一个新的高度，产业系统除了涵盖企业还包括行业部门及其一切生产活动，教育系统拓展则包括学校、教育部门、协会、科技部门与科研学术机构等。

此外，国家文件中也侧重于从宏观层面对产教融合作出了解析。《中共中央关于全面深化改革若干重大问题的决定》中首次提及“产教融合”，替代了之前“产教结合”提法，并在不同文件中赋予了其新的内涵。国家文件对产教融合定义反映了产业升级转型和职业教育内涵式发展进程中“产业”与“教育”水乳相融，互为因果的逻辑必然[2]。

## 二、产教融合一体化育人的理论基础

### （一）人力资本理论

人力资本这个词最早是由西奥多·舒尔茨提出来的，这个概念由资本概念转化而来。后来人力资本这个词逐渐出现在一些政策和政府文件当中，随着社会发展，人力资本被应用得越来越广泛，并且应用到一些法律法规当中去。在产交融一体化育人研究中，人力资本应该从产教融合的角度出发，将人力资本定义为：企业花费和学校之间对学生进行教育或者培训方面的支出，这个支出成本就是人力资本。具体来说，人力资本包括学生在校学习的知识、工作能力、实习经验等。换言之，人力资本包括两个部分：一个是学生通过学习获得的知

1 杨慷慨，邹有奇．职业教育产教对接制度建设研究［J］．现代教育管理，2018(07)：89-94.

2 许冰冰，陈晓青．产教融合背景下教育信息化跨界建设的问题与对策研究［J］．九江职业技术学院学报，2020(01)：7-9.

识能力；另一个是未来可以期待的能够为企业带来利润的部分。

### （二）杜威实用主义教育理论

著名心理学家和教育家约翰·杜威创立了实用主义教育理论[3]，他的理论对教育目的、教育核心、教学方式等都做了详尽论述。杜威实用主义教育理论影响深远，不单单是对美国，对全世界都产生了革命性的影响[4]。

杜威实用主义教育理论包括三方面[5]。第一，教育即生活；第二，教育即生长；第三，教育即经验的重组与改造。教育与生活是紧密联系在一起的，就像鱼和水的关系一样。他主张教育的无目的性，其实教育就是为了发展，提高受教育者能力水平，最好的教育就是实践。

### （三）教育与生产劳动相结合的理论

工业革命显著地推动了人类社会的发展，同时也对传统的生产劳动生活带来了巨大的变革，工业生产对劳动者有了更高的职业素质需求。在这种背景下，教育与劳动生产之间的关系逐渐明晰，著名社会学家马克思通过对现代劳动生产生活的深入研究提出了教育应当与生产劳动相结合的理论，其认为工业革命带来了技术革命，引领了现代工业的诞生与发展，而现代工业的劳动者需要拥有更高的专业技能才能够适应现代工业发展。而劳动者单纯性的经验学习方式已经不能够满足工业技术人才的需求，需要进行更为系统、全面的教育来提高劳动者的综合素质，这就需要将教育的过程与劳动实践过程充分结合。

准确把握教育与劳动生产之间的联系，使其在高等教育产教融合人才培养的过程中，充分激发双方的优势资源，协调整合职业教育模式，建立形成高效的运行机制，提升高等教育产教融合人才培养所带来的效益。

---

3　田景正．略论杜威实用主义教育思想对中苏两国教育的影响 [J]. 湖南第一师范学报，2006(03):22-26.

4　邢广陆，李莉，郑洪利．高职学前教育专业“三位一体”合作育人模式理论与实践探析 [J]. 北京农业职业学院学报，2017,31(04):91-97.

5　张若以，高天枢．实用主义思想对中西方教育的影响 [J]. 现代交际，2019(13):143-144.

# 第二节 产教融合的基本内涵

产教融合中的“产”指的是产业，而“教”则是教育，两者分属于不同的部门，但其内核却存在着供需关系[6]。产业从广义上来说，指的是我国国民经济中的各个行业；从狭义上来说则可指代工业部门。教育行业是我国社会经济部门中的重要组成部分，同样也是一个产业。本节对产教融合基本内涵的探索主要从思想与实践两个层面展开。

## 一、产教融合思想内涵

### （一）学以致用

早在一百多年前黄炎培已经在运用产教融合的思想进行职业教育事业的变革。本节从黄炎培产教融合思想出发，探讨当代产教融合的内涵。

学以致用可简单从“学”“用”两点理解。学习的目的是运用，同时在学习的过程中也需要及时运用，这既能加深理解又能保证知识与技能的熟练运用。学以致用体现了一种实用主义思想，用黄炎培的话说就叫“手脑并用”与“做学合一”，而这也恰好体现了产教融合的核心。它不仅全方位地指导着职业教育人才培养目标的实现，而且渗透与贯通在职业教育办学模式与教学过程的方方面面。

1913 年 8 月，黄炎培在论述《学校教育采用实用主义之商榷》时指出：“教育者，教之育之使备人生处世不可少之件而已。人不能舍此家庭绝此社会也，则亦教之育之，于己具有自立之能力，于人能为适宜之应付而已。”[7]这段话可以理解为教育的一切功能都应该体现在个人自立和社会反应两个层面上，并对其进行了进一步的阐释：“析言之，所谓德育者，宜归于实践，所谓体育者，求便于运用，所谓智育，其初步遵小学校令之规定，授以生活所必需之普通知识技能而已。”这段话明确表达了黄炎培的职业教育目的观，职业教育就是要培养学生的生活与劳动的技能，一种技能的培养必须经过反复的练习和纠正，这正是符合教育心理学中所讲的人的技能学习的规律。心理学的研究表明，动

6 陈年友，周常青，吴祝平．产教融合的内涵与实现途径 [J]．中国高校科技，2014(08)：40-42.

7 朱宗震．陈伟忠．黄炎培研究文集 [M]．成都：四川人民出版社，1997.

作技能的习得是需要练习的，因为动作技能本身就是在练习的基础上，由一系列实际动作以完善的、合理的程序构成的操作活动方式。所以要想掌握一项技能，必须要加强练习。因此学以致用是符合学习过程的内在规律的，也是实现职业教育目的重要手段。职业教育中的产教融合必须学以致用，而学以致用也充分体现了产教融合的内涵。

黄炎培认为封建社会旧式礼教灌输的多是一种“学而优则仕”“劳心者治人，劳力者治于人”的思想，这些思想总是引导着学生们重视脑力劳动，而忽视了体力劳动，甚至认为脑力劳动光荣，体力劳动可耻。学生们只重视经史子集等文科类知识的学习，而没有掌握必要的生活技能和劳动技能，从而导致学生只会吟诵和写文章，这种人太多了就业也成了极大的问题，最终学生学习完之后也只有面临失业，最起码的自食其力、自我谋生的能力都没有。黄炎培主张学生学习要能够谋生存之需要、谋个性之发展，多一些学以致用、能从事社会实业生产的实用性人才。这也就是黄炎培最早期的实用思想，在这个思想中其实深刻体现着学以致用的内涵。

黄炎培在所写文章《中国抗战四年来的觉悟与今后青年应有的努力》中写到“整个中求生命，需要中求学问，规律中求生存”[8]，对于“需要中求学问”，黄炎培说：“二十年前，看到学校教育与社会没有配合，和生产方面，没有关系，感到这种现象不好，所以结合一群同志，提倡职业教育，职业教育就是农业、工业、商业，一切可以生产的教育，希望国计民生两大问题，得到切实的解决，今天提出的需要中求学问，也就是这点意思。”在需要中求学问，表达的就是在实践中学习、在实用中学习的思想，这也正是学以致用的思想体现。

社会困于生计，这是实业教育产生的根本原因之一，黄炎培的实用主义教育思想受到杜威的启示。在1919年8月《黄炎培日记》中关于《杜威的教育哲学》中曾记录这么一段话：“学校自身须是一种社会的生活，须有社会生活所应有的条件。学校里学业须和学校外生活连贯一气。”黄炎培学习了杜威的演讲之后，在日记中记下了上面这段感受，在学校中学习的就是社会生活，学校就是社会，社会需要的也是学校所要学习的，那么可以理解为，学习要与社会结合，学习要与运用结合，而这就是一种学以致用的思想，学以致用与实用主义从此达到了协同。

黄炎培将中国的实用主义教育改名为了“职业教育”，这是更博大的实用主义。职业教育不仅关系个人命运，更关系经济发展、国家富强，这充分体现了黄炎培情系国家和天下的济世情怀。

---

8 黄炎培．黄炎培教育文集第4卷[M]．北京：中国文史出版社，1995.

学以致用的实用主义思想与现实的产教融合的理念是不谋而合的。学以致用是产教融合的出发点，它全方位地指导着职业教育思路的设计，并且渗透与贯通在职业教育办学模式与教学过程的方方面面。

### （二）做学合一

早在几千年前中国古代的教育先贤已提出通用的教育方法，如因材施教、循序渐进，这些都在黄炎培提倡的教学原则中。除此之外，黄炎培不仅继承和发扬了前人主张和实践过的有效的教学原则，而且在职业教育中，黄炎培更是创新性地提出了“手脑并用”“做学合一”的教学方法，这是最能体现职业教育特色和最能实现职业教育目的教学方法[9]。

黄炎培思想理念是指职业教育有三个目的：为个人谋生之需要，为社会谋利益，为个人发展之准备。无论实现哪个目的，都需要培养学生的基本技能，而心理学告诉我们：技能的习得必须加强练习，练习需要动脑与动手相结合，动脑指导行为的方向和过程的精准度，动手则是技能的外在形态，是动脑的结果。职业教育的教学，必须注重手脑并用，从做中学，从做中把控某种技术操作的方向、力度和感觉，在工作中求得系统的知能和知感。在职业教育中强调“双手万能”“手脑并用”的职业教育教学原则，意思是指在职业教育的教学过程中必须随时随地将手与脑有机结合，这个方法可以在学校课堂中使用，也可以在学校实训室运用，还可以在企业顶岗实习中运用。

### （三）校企一体

自1913年初次提出职业教育，到创立中华职业教育社、创办中华职业学校，以及赴美、日、菲的国外考察，无论从理论方面还是实践方面，黄炎培产教融合的思想已经逐步形成。究其产教融合的办学模式，主要体现在三个方面：其一，是建立了中华职业学校的职校工场；其二，是企业文化与校园文化二者融合为一；其三是来自美国、日本、南洋等国家不同类型的学校教育考察的启示。

1. 学校建工场

这种学校下设工场的教学方式就是典型的产教融合的模式，学习直接为了生产，生产过程就是学习过程，教室与工场合一，学生与工人合一，教员与师傅合一，真正做到了“做中学、学中做”“做学合一”，这也真正体现了产教融合的理念。

---

9 高月春，董亚楠，薄海美．黄炎培职业教育思想及其现实意义［J］．教育教学论坛，2014(19)：115-116.

设立工场的初衷是倡办国货工厂，由培养的掌握规范化和科学化生产方法的学生直接生产满足国内需求的国货，以抵制外货，这提高了当时国家生产力水平和社会供给，同时也创新了职业教育的办学模式，这本质上是一种校企合作、产教融合的思想。在中华职业学校所采用的校中厂、厂中校的模式，就是典型的产教深度融合的体现，学生在生产劳动中提高了学习效果、熟练了技能，并将理论与技能学习较快地直接转化成了生产力，同时为国家与社会增加了财富。

2、企业文化融入校园文化

在黄炎培创立的中华职业学校教室中悬挂有“劳工神圣”大字匾，校徽和工场产品的商标都以双手为标志，在学生的脑海中树立“双手万能”的理念，培养劳动意识，提高劳动能力。每逢五一国际劳动节，工人、学生通过集会的形式来纪念这个节日。当时中华职业学校已经把劳动观念凝聚到企业文化中，并融入了校园文化。在学校中建立工厂，并且将企业文化融入校园文化，可见学校与企业有了深入的融合。早在百年前就能有这样的校中厂、厂中校，校企合二为一，这在当时乃至当前都是一项极为成功的创举。这是黄炎培产教融合思想的深刻体现，黄炎培跟随实业团考察美国实业，历经四个半月，漫游美国全境，后来又多次考察其他国家的教育情况。考察中黄炎培重点关注国外教育尤其职业教育的状况。在他记述的教育报告中说：“吾尝言之矣，离社会无教育，考教育者，凡夫一切现象，苟足以表示其…社会之特性、惯习、能力而堪供教育参证者，皆在所宜考。”仅在第一次前往美国的实业团考察中，黄炎培就考察了 52 所学校。黄炎培就考察情况重点梳理了实业教育以及职业课程的考察现状与感悟，从中体会和归纳出黄炎培产教融合的思想。

## 二、产教融合一体化育人实践内涵

### （一）校企共建人才培养的互动机制

产教融合一体化育人实践的首要条件是校企之间通过契约合作形成战略联盟。在选择合作伙伴时，学校要慎重考虑和分析，选择一家或几家行业龙头企业或骨干企业。同时，合作企业必须对教育有感情，更愿意投入办学资金进行人才培养。这是建立战略联盟的首要条件。只有这样，才能建立利益共担、风险共担的教育机制，保证合作的成功，这才是产教融合应用型人才培养的长远发展[10]。同时，高校和企业要建立产学结合的治理机构，建立互动机制，明确互

10 潘雅芳．行业学院产教融合应用型人才培养模式内涵建设探索研究［J］．高教学刊，2020(25)：168-171+175.

动内容和模式，以此来加强有效互动开展全面合作。

### （二）校企共同制定人才培养方案

产教融合一体化育人的起点是培养目标和方案的确定。以培养“应用型人才培养”为核心，而“应用”来源于社会需求与企业需求。在制定人才培养目标时，要立足区域经济和产业发展，认真分析区域经济和产业发展对行业人才的需求，结合自身特点，突出优势、明确定位、共同商定目标方案，实现人才与行业需求的结合。

### （三）校企共同进行课程建设

课程是产教融合应用型人才培养的基础。所以产教融合一体化育人过程中，要根据人才培养目标和所需知识、能力、素质，紧密结合学科发展前沿和经济社会发展需要，认真分析课程体系和内容，形成以学科理论为基础，以工业与企业应用能力建设课程为核心、人文培训课程为呼应的理论与实践相结合的优质课程体系。在课程体系建设过程中，可以以行业规范与标准、岗位技能标准、企业专业化为主要内容，开发具有鲜明行业院校个性的应用型特色课程，改变教学内容与企业项目相适应的问题，实现教与学的融合，实现课程体系建设真正的学和做。培养学生具备基本的专业理论知识，掌握行业的实际操作能力和业务能力以及较高的专业素质。

### （四）校企共同建设实践平台

产教融合应用型人才培养中教学环境强调职业情境的真实性，通过实践教学来为学生构建真实的职业环境，让学生在“做中学”，使教学过程与工作过程对接起来，使学生毕业即能就业。实践教学平台建设大致可分为校内实践平台和校外实践平台。依托合作企业和行业龙头企业建设校外实践平台，所有岗位对学生开放，让学生亲身感知行业企业文化以及先进技术。通过行业企业引入优质实践教学资源，共建校内实践教学平台，并提供企业技术资料作为教学的案例，实现校企资源的互惠共享。让学生知识、技能、态度，通过校内外实践培养，形成职业能力。

### （五）校企一体共同实施学生管理

行业学院的学生既是在校大学生，又是行业企业的准职业人，具有双重身份。在学生管理中，实施校企共管模式。加强育人环节，建立由行业导师、行业专家、专职教师和优秀校友等组建的导师团队，实行全方位育人。校企文化共融是保证行业学院产教融合应用型人才培养持续稳定的润滑剂。企业有其独特的企业文化，这些企业文化较好地传达了企业的核心价值观、企业精神和企业制度，学校在日常教学中，注重对学生正确的世界观、人生观和价值观的教育。通过校企文化共融，对于学生加深对不同文化和多元社会的认识与理解，实现应用型人才培养目标具有重大而深远的现实意义。

行业学院应建立校企合作应用型人才培养考核体系，这是保证人才培养质量的必要条件，因为行业学院培养的应用型人才最终到行业企业就业，所以人才是不是符合行业企业需求，最终需要企业来进行检验。行业学院的人才培养考核体系，通过动态评估学生的学习态度、学习成绩、合作精神、实践能力和职业发展等，检验培养的人才是否最终与行业企业的需求相匹配。

## 第三节 产教融合的功能及作用

### 一、产教融合功能定位

学者们对于产教融合的概念基本达成共识。并且学者们从概念出发认为产教融合具有以下功能：所有学者都认为产教融合提供了学生更为全面的、针对性更强的学习内容；除此之外，一些学者如罗向阳、杨铭认为产教融合提供了学生最为实用的知识，最逼真的、丰富的学习环境。综合来看，产教融合的主要功能是提供了全面系统而又针对性很强、前沿实用的学习内容以及丰富逼真的学习环境。

但是学者对于产教融合在高等教育中的地位存在分歧，主要有以下三种观点：一些学者如陈年友、周常青、吴祝平认为产教融合是一种办学模式；另外一些学者如黄瀚玉、刘邵鑫、曾绍伦认为产教融合是一种人才培养模式；还有一些学者如和震认为产教融合是一种制度。

结合概念与地位的分析来看，无论产教融合是一种办学模式，或是一种人才培养模式，或者是一种制度，其本质是通过代表实践的产业与代表理论的教学进行深度的融合，以促进学生更好、更快的全面发展，并且其无论如何也离不开产教融合课程的开设，从这个角度来看，将产教融合视为一种教学内容与教学方式可能更有利于把握其本质。

## 二、产教融合的积极作用

### （一）推动专业定位和专业建设

企业和高校紧密合作，当社会经济发展的路径发生变化时，企业能够第一时间感知到，企业将所需要的人才培养标准及时传达给高校，高校及时作出响应，使专业定位始终跟上时代的步伐。从教育方面看，近一段时期以来，我国职业教育的一大特色是以职业学校为主体培养初入职的技术技能人才，经济领域行业企业相对脱离于人才的正规职业准备教育，出现了高校对产教融合、校企合作共同育人和研发的需求格外强烈，然而困难也格外多的情景。企业拥有丰富的技术能手，对于行业需要的人才定位比较清楚，能够给专业定位和学科发展把脉。产教融合、校企合作培养技术技能人才是国际职业教育成功国家的共同规律。呼唤和渴求产教融合、校企合作培育技术技能人才在我国有着深刻的教育和经济背景。从经济领域看，我国正在进入工业化中期，努力实现产业升级转型、建立创新驱动的现代产业体系，对复合型和创新型技术技能人才的需求在倒逼行业企业作出变革。发展所面临的体制机制困境，保障技术应用和技能人才发展的实践问题，具有重大的研究意义与价值。

党的十八届三中全会指出，全面深化改革的总目标是完善和发展中国特色社会主义制度，推进国家治理体系和治理能力现代化。当前职业教育的体制机制不畅、承担和参与主体缺位、相关制度不匹配、政策措施不协调、发展动力不足等问题成为制约职业教育发展的瓶颈。推进国家治理体系和治理能力现代化，为解决上述职业教育的瓶颈问题提出了全新视角、顶层思路。职业教育作为与社会经济发展密切相关的一种教育类型，同时肩负着面向人人和培养高技能人才的重任，关乎国家的经济发展与社会和谐。职业教育治理体系与治理能力的现代化，是国家治理体系与治理能力现代化不可或缺的一部分，对全面深化改革，推进国家治理体系和治理能力的现代化具有重大意义。改革开放以来，在政府及各部门的积极努力下，职业教育的发展取得了巨大成就。但是，目前与我国经济社会的需求和人民群众的期盼相比，职业教育发展依然面临很多困境，许多问题表面看似乎在职业教育自身，而其实质是职业教育的外部制度、体制机制使然。“十一五”以来，我国职业教育的校企合作创设了“订单式”培养、工学交替、校中厂、厂中校、“政、校、企”三方联动等一批具有区域行业特色的校企合作人才培养实现形式，形成了“合作办学、合作育人、合作就业、合作发展”的校企合作人才培养理念，但是职业教育校企合作也遇到了较多的困惑、问题和困难，尤其是参与各方对职业教育校企合作的国家制度政策的缺失体会颇深，对职业教育在国家政策、制度层面的顶层设计改革有着较为迫切的诉求。实行校企合作、工学结合的职业教育人才培养模式，是技能型人才培养的有效途径，体现了职业教育的本质特点。职业教育所肩负的培养技能型人才的任务需要高校与行业企业共同承担，日益成为高校、广大企业和社会各界的共识。

从“单维”管理理念转向“多元”治理理念，在治理理论的指导下，借鉴国际比较经验，研究职业教育多元治理主体的权责，实行管办评分离，建立多样化治理工具、完善的治理制度体系、治理指标体系、治理的制度包与工具包等，具有巨大的经济和社会意义。首先，完善职业教育治理体系、实现职业教育治理能力现代化，将有助于我国数以亿计的技术技能人才的培养和可持续发展，有助于职业教育突破上述制约瓶颈和困境，增强职业教育服务产业结构调整、经济发展方式转变的针对性和实效性。其次，对职业教育治理体系和治理能力现代化的研究，有助于促进我国社会民主与全面提升，增强人民群众学有所教、学有所用的终身学习途径和机会，依靠职业教育提升国民素质和发展能力，提升体面就业幸福生活的民主和谐境况。党的十八届三中全会进一步指出：“加快现代职业教育体系建设，深化产教融合、校企合作，培养高素质人才和技能型人才。”

### （二）推动教师的社会服务能力

校企双方经常互派人员轮岗实训，企业派专业技术人员到校为师生讲学，有利于提高师生的实践操作水平。高校派教师下企业锻炼，在企业生产一线，教师实践能力能够得到比较大的提高。研究、探讨校企合作促进政策的制定和实施是一项重要的攻坚任务，需要深挖现存的问题，运用理论分析其原因，并将其放在国家宏观层面来思考解决的思路和办法。我国职业教育的主体是职业学校，主要由教育部门统筹管理，但教育部或者任何单一部门都无法有效地解决职业教育校企合作的跨部门、跨领域问题。

职业教育实行校企合作和工学结合的人才培养模式，不仅是培养应用型、技能型人才的基本做法[11]，而且符合我国关于教育同生产劳动相结合、培养全面发展的人的基本教育方针，为加快制定国家职业教育校企合作促进法规提供了宏观性的思想框架。鼓励地方先行先试，吸收地方创新经验。高校教师所接触的理论知识较多，但实践方面的技能比较缺乏，大部分高校教师都没有太多的

---

11 王丽华，郭蒙蒙．高职院校产教深度融合机制研究［J］．发明与创新（职业教育），2020(12)：143-144.

项目经验，通过产教深度融合可以提升师资水平。教师在企业真枪实干，掌握了好的技能后，再结合自身丰富的理论知识，就可以提出有创新性的想法，帮助企业解决实际问题。

正是基于此，需要国家统筹职业教育校企合作政策，进行顶层设计，从教育、经济和劳动三方面建立法律性框架。目前，《中华人民共和国教育法》《中华人民共和国劳动法》和《中华人民共和国职业教育法》中关于教育与生产劳动相结合、教育为经济建设服务、经济建设依靠教育以及职业教育校企合作的规定，对于促进校企合作的发展发挥了一定的作用，其条款大多是宏观性规定，相距建立良好的职业教育产教融合制度的需要还有很大差距。国家应从教育、经济、劳动三个领域修改现有法律和新增相关的法律，为加快建立国家职业教育产教融合校企合制度提供宏观性的法律框架。调查显示，企业所能为职业学校提供的资源中，提供实训设备、为学校提供资金等被排在末位，因而，参与职业教育的企业需要政府优惠、补偿政策的引导。

### （三）推动"致用"课程建设

课程体系是学科发展的载体，企业岗位的各项技能都需要通过课程体系来实现，通过相应课程来培养对应岗位技能。有学者就校企合作中存在的问题以及校企合作参与各方对政策的诉求做过一次全国性的调研，主要是选取经济发展较快、地方政府认识较充分、政府政策环境较宽松、经费投入力度较大、企业参与职业教育的意识较强的地区作为样本进行调研。

调研发现，高校的校企合作中既有老生常谈的旧问题，也有发展过程中的新问题，需要政府统筹考虑解决的办法，整体推进合作的发展深化[12]。企业对岗位职责有比较全面的了解，能够对各工种工作任务职责作出详细规划，然后将岗位职责标准转化成课程标准，企业项目实例转化为课程教学的案例。我国职业教育校企合作存在政府、行业、企业、院校、学生五大层面的问题，这些问题是系统培养高端技能型人才以适应经济发展方式转变和产业结构升级的重大障碍，是当前中国职业教育宏观政策亟待破解的焦点问题。

职业教育校企合作中存在的问题主要是企业主体缺位、行业企业参与不够，反映出经济领域缺少支持产教融合的配套制度。产教融合不仅应该是教育制度而且应该是经济制度、产业制度的组成部分。

---

12 傅伟，蒋道霞．高职院校产教深度融合机制研究［J］．机械职业教育，2015(12)：6-9+18.

（1）政府作用的边界与市场治理结构的作用发挥

当前，在经济领域中的法律基本上没有涉及产教融合、校企合作的制度内容，在教育领域有关法律主要是 1996 年实施的《职业教育法》，但迄今还没有与其配套的下位法，只有地方制定的地方性法规以及国务院相关部门制定的部门规章，力度不够。近年来，国家从认识上重视职业教育校企合作的制度和机制建设，各地不断探索实践，校企合作取得了显著成就。但国家和地方职业教育校企合作法制建设仍然十分薄弱[13]。国家层面上存在的相关问题表现如下。

第一，政府自身对如何发挥主导作用认识不足，对实现主导作用的形式和路径缺少探索和经验积累，相关校企合作的法律和政策制度不健全，协调引导作用有待加强。

第二，校企合作的管理制度和模式尚不完善，政府及其部门参与的职责分工有待明确。

第三，政府主导不足，导致校企合作多方参与、沟通对话、经费投入引导和保障机制、监督评价体系等还不完善，资源整合力度不够，对参与职业教育优惠政策宣传力度不够。

第四，政府支持的社会化评价体系不健全，参与合作的企业资质缺乏明确规定和认定，企业参与合作的效果缺乏整体评价。

第五，职业准入、职业资格证书与人才培养的关联性不够，校企合作的教育规范和标准不够成熟。

（2）行业指导能力的缺失与弥补

我国法律没有明确规定行业协会在职业教育发展中的地位和作用，使得行业组织的协调指导作用没有得到充分发挥，在制定行业岗位标准、课程标准中的主导作用发挥不够充分，行业组织对职业教育的校企合作的监督机制尚未建立，行业协会与职业教育的交流对话制度有待进一步完善。

我国职业教育的发展对行业寄予了极大的期盼，教育部门成立了 59 个职业教育行业教学指导管理协会，教育部门出台了发挥行业作用的政策文件，但是实际上行业组织指导职业教育的作用还远远没有发挥出来。在我国经济领域，行业组织自身的能力和作用尚未有良好的发展，行业指导职业教育的权限不明确，支持和鼓励行业组织参与职业教育与培训的政策尚不健全[14]。

此外从整体上看，我国行业自身独立发展的水平有限，指导职业教育发展

---

13 兰小云 . 关于我国职业教育校企合作政策有效落实的思考与对策 [J]. 职教论坛，2018(09)：33-37.

14 朱赛荣 . 高职院校产教融合的 SWOT 分析 [J]. 当代职业教育，2018(06)：40-45.

的能力不足，自身能力尚需逐步培养，不具备德国等发达国家的行会制定标准、主持考试、颁发资格证书的权利和能力。

（3）企业作为育人主体的作用和责任缺失

第一，企业应该成为职业教育和培养未来员工的主体，但我国职业教育处于市场治理结构发展的初期阶段，企业界表达意愿的机会和条件尚不成熟，参与职教内驱力不够。

第二，企业缺乏战略发展理念，参与校企合作动力不足，社会责任意识不够，合作关系大多靠感情维系。

第三，现有的合作组织管理不健全，在具体学科发展、课程开发以及对就业前实践的管理等环节中，企业大多处于被动状态，教育培训的标准和规范缺失，合作流于表面形式[15]。

第四，体力依赖为主而非技能依赖为主的企业大量存在，企业转型升级尚未完成，缺乏参与技能型人才培养的基本动力。

（4）校企合作育人和研发的制度尚未到位

第一，缺乏现代学校制度理念，校企合作的治理机制、合作发展机制不健全，整合资源能力不够。

第二，品牌创建意识不够，专业水平和技术技能积累不足，难以引领行业发展。

第三，技术服务能力较弱，难以吸引企业参与。

第四，人才培养模式创新不足，未能确立被校企双方共同尊重的教育规范和标准，难以适应产业需求。

第五，学生实习监管不到位，难以保证实习产教融合的水平。

（5）学生实习活动性质错位与纠正

就业前实践应该是教育环节，其活动的性质是教学活动。这一点不容置疑。实际的工作不能直接代替就业前实践，也不能等同于就业前实践。在我国职业教育的实际中，一是学生的岗位实操和实训内容、要求与企业的人才定位，与工作岗位要求不太相符[16]；二是学生在企业实习的内容、场地安全、工作时间等未有明确的规定；三是学生责任心、吃苦耐劳能力等品质的培养尚未有清晰的标准。

---

15 和震．建立现代职业教育治理体系：推动产教融合制度创新 [J]．中国职业技术教育，2014(21):138-142.

16 傅伟，蒋道霞．高职院校产教深度融合机制研究 [J]．机械职业教育，2015(12):6-9+18.

### （四）推动应届大学生就业

2019年，国务院发布《国家职业教育改革实施方案》，提出“要促进产教融合，校企一体化育人，推动校企全面加强深度合作”。

深化产教融合，抢占就业高地推进高质量就业。要抢占就业高地，必须与地方政府、品牌企业等共建产业联盟、生产性实训基地，培养高技能应用型人才。

企业参与人才培养的全过程，按照自身的人才定位进行人才培养，这样学生便能够第一时间掌握行业最新技术，毕业后即可以在相关企业就业，这样便有利于提升就业率和就业产教融合的水平。

# 第二章　我国产教融合一体化育人的现状

我国经济要靠实体经济支撑，这就需要大量专业技术人才，需要大批大国工匠。因此职业教育大有可为。全国政协十三届四次会议上，全国政协委员、南京市政协主席刘以安提交了关于“加快发展现代职业教育培养高素质产业人才”的提案，建议“十四五”时期，在产业结构转型升级、制造业向中高端迈进、5G 等新一代技术引领科技革命等大背景下，进一步突出职业教育战略地位，构建以就业为导向、体现终身教育理念、面向人人的现代职业教育体系[17]，为全面建设社会主义现代化国家培养高素质产业人才。本章主要论述了我国产教融合的发展现状，首先梳理中华人民共和国成立以来我国产教融合发展状况，其次总结产教融合近些年的成就，最后重点分析新时期产融合面临的挑战，明确当下产教融合发展的重点任务和方向。

## 第一节　我国产教融合的发展现状

近年来，我国职业教育迎来“黄金时期”，形成了纵向贯通、横向融通的现代职业教育体系，迈入了提质培优、增值赋能的高质量发展新阶段，培养了一大批支撑经济社会发展的技术技能人才。但与此同时，管理体制不够顺畅、产教融合不够深入、“双师型”教师队伍相对薄弱、职业教育“天花板”尚未完全打破等问题较为突出。

关于如何构建符合新时代发展要求的职业教育发展新格局，相关学者提出四点建议。

①优化顶层设计，解决好管理体制问题。从源头上破除职业教育改革发展

---

17　彭梅，胡必波，李散散，等．新形势下现代职业教育体系结构的探索研究［J］．佳木斯职业学院学报，2016(07)：14-15.

中的体制障碍，构建校企协同推进职业教育发展的新格局[18]。优化职业教育办学层次，强化职业教育类型特色，把准产业需求这一“风向标”，抓住专业建设这一“牛鼻子”，努力实现职业教育与产业发展的同频共振。促进各学段普通教育与职业教育渗透融通，促进职业教育、开放教育、社区教育、老年教育等协同发展，加快构建服务全民终身学习的教育体系。

②实现资源共享，解决好产教融合问题。进一步深化“引企入教”改革[19]，积极推进学校、企业、事业等单位共同组建职业教育集团，打造产教融合、校企合作共享平台，创新人才培养模式，促进行业企业转型升级，实现多方共赢。建设兼具教学和生产双重功能、校企双主体深度合作的项目，实现教学标准与产业标准、教学内容与职业需求、教学过程与生产过程全面对接，提高技能人才培养质量和针对性。

③打造“双师型”队伍，解决好师资薄弱问题。建立校企人员双向流动、相互兼职的常态运行机制，探索建立双导师制度和双向互聘机制。扩大高校用人自主权，将“大国工匠”“能工巧匠”吸纳到职业教育师资队伍中来。建立高校、行业企业、培训评价组织多元参与的“双师型”教师评价考核体系，深化教师职称制度改革，建立绩效工资动态调整机制。

④建立职教高考制度，解决好学历瓶颈问题。探索完善中职、高职、应用型本科、工程硕士相衔接的一体化育人模式，破除就业环节中的政策性障碍，吸引更多优秀的学生就读职业教育。加大宣传教育力度，引导社会树立科学的人才观，大力弘扬劳模精神、工匠精神，在全社会形成劳动光荣、技能宝贵、创造伟大的时代风尚。

## 一、产教融合校企合作理念未落到实处

产教融合人才培养模式能够培养应用型人才，实现高校和企业互利共赢理念，多方利益共赢。目前产教融合理念被很多企业和高校所接受，但是由于理念深入度不足，目前产教融合培养方面仍然存在很多问题。

### （一）企业的趋利本质

一方面，产教融合人才培养模式是一个长期过程，不能够让企业在短时间

---

18　陈锦阳．构建县域背景下政行企校合作培养跨境电商人才模式：以东阳市为例［J］．电子商务，2016(08):70-71+83.

19　吕莹．“三全育人”视阈下高职院校思想政治教育实践路径研究：以Z职业学院为研究对象［J］．黄冈职业技术学院学报，2020,22(03):44-47.

之内就看到成效。所以，对于有的企业而言，他们觉得产教融合应用型人才培养周期长，收益小，产教融合互利共赢基础薄弱。这就导致了产教融合人才培养理念深入不足，学校和企业之间的配合不默契。其实，要想改变这个观念，就要让企业看到产教融合人才培养利益本质，产教融合人才培养方案中“产与教”是平等关系，企业和高校都处于主体地位。但是，企业的目标是追求利润，他们追求在法律范围内，实现经济发展最大化、经济利益最大化。企业这样的趋利本质，让产教融合人才培养理念不能够深入到企业当中去，这种需要一定周期才能显现出来的回报和企业追求短时间利润是矛盾的。当然，企业追求投入少、周期短、回报率高也是无可厚非，而产教融合人才培养计划的周期长和效果慢的特征也是无法改变的，两者之间矛盾如何解决才能更好地进行产教融合是值得思考的问题。

另一方面，在我国市场经济环境当中，企业除了寻求自身发展，还需要承担一定的社会责任。企业为了降低用人成本，选择向社会招聘，不愿意付出更多资源和成本花费在产教融合人才培养上面[20]。这也是企业趋利本质的体现。但是，从企业长远发展来看，这种做法是不明智的，对企业长久发展下去是不利的。因此，企业要改变产教融合人才培养理念的偏见，从企业长久发展考虑，转变对于产教融合的态度，主动参与到产教融合人才培养当中来，同时也承担起自身的社会责任。

### （二）学校融合理念存在偏差

一方面，高校面对合作企业选择时，愿意与国有企业、大型企业合作，对小型企业或者私人企业不重视。这样的融合理念是非常片面的，是不利于产教融合人才培养的。同时，这个问题也反映出很多高校“眼高手低”，让高校在产教融合理念上面存在偏差[21]。如果有些学校不尽快转变这种错误观念，那么就没办法实现企业和学校的双赢。这也是产教结合人才培养理念深入度不够的一个体现。如果高校一味寻求与大企业合作，忽视小企业，那么最终会让企业陷入绝境，甚至危及学校以后发展。

另一方面，有些高校在进行产教融合时，错误地将产教融合理解为解决学生的实习问题或者是就业问题，没有认识到在产教融合的过程当中企业做起到

---

20　郑秀梅，闫有喜，许竣．应用型本科院校产教融合培养模式探析［J］．钦州学院学报，2018，33（10）：62-66.

21　刘耀东．产教融合过程中企业逻辑和学校逻辑的冲突与调适［J］．国家教育行政学院学报，2019（10）：45-50+95.

的重要作用。甚至考虑自身利益比较多，没有充分考虑到产教融合人才培养要企业和学校共同努力。

## 二、产教融合政策执行不到位

从执行角度分析来看，在多方执行者的合力下，产教融合政策执行在多方面取得了一定的成效，对职业教育与产业的发展都起到了一定的推动作用。但从整体来说，职业教育政策执行水平还有待提高，产教融合政策执行过程中还存在诸多问题。

### （一）政策执行的表面化

产教融合政策执行的表面化是指政策颁布后仅对产教融合政策部分内容宣传一通，在实践执行环节中，并没有根据职业教育的特点与发展规律制定并采取到位、可操作性的措施，从而导致政策预设的目标难以在实践中充分体现出来。以职业教育产教融合政策的演变为出发点，1991 年《国务院关于大力发展职业技术教育的决定》（国发〔1991〕55 号）文件首次出现“产教结合”的提法。1996 年颁布的《职业教育法》中规定：“职业学校、职业培训机构实施职业教育应当实行产教结合。”2004 年《教育部等七部门关于进一步加强职业教育工作的若干意见》（教职成〔2014〕12 号）指出：“推动产教结合，加强校企合作，积极开展’订单式’培养。”2017 年国务院办公厅印发的《关于深化产教融合的若干意见》（国办发〔2017〕95 号）提出：“深化产教融合，促进教育链、人才链与产业链、创新链有机衔接。”[22] 从以上政策的出台可以看出，产教融合已经成为构建我国现代职业教育体系的主线和生命力。在国家的号召与带动下，各地方政府、企业与学校积极推动产教融合机制的建立与运行，出现了“工学结合”“订单培养”“产学研合作”“职教集团”等多种形式的产教融合形式。从整体上而言，产教融合取得了一定的成效[23]。但根据调查结果显示，校企合作作为产教融合方式之一，在企业参与的模式中，“校企联合培养”模式占了 54.84%，“企业实体合作”模式占了 30.11%，表明目前企业参与深化产教融合的深度不够，校企合作层次较低。

①在产教融合校企合作形式层面，产教融合校企合作的内容比较广泛，主

---

22　罗文斌，李娜．产教融合视角下高职教学改革路径构建：以旅游类专业为例 [J]．河北职业教育，2019，3(04)：41-46.

23　刘晶晶，杨斌．我国职业教育产教融合研究现状及发展趋势：基于 CiteSpace 的可视化分析 [J]．当代职业教育，2018(06)：32-39.

要包括课程教学改革建设，师资建设、实习教学、实训基地建设、技术条件提供以及技术难题的联合解决和咨询等方面[24]。

②从学校为主体角度分析，学校在以上合作内容方面尽管存在不同的表现形式，但从调查中反馈的信息可以发现，在专业与课程建设方面，以学校主导与校企共同决策为主要开展形式，企业主导的表现形式占比较低。

③在师资建设方面，主要以企业人员到校兼课为主，但以企业专家到校“阶段性全脱产”教学的形式比较少，同样相比于学校专任教师实行长期性驻厂培训，目前大多数学校主要是以建立专任教师定期下企业制度开展双师型教师建设；在实习教学方面，校内外实习实训基地的建设以校企共建为主；在研究开发方面，校企共同研发或学校为企业提供技术管理服务的较少。因此，从中可以得知学校作为校企合作的主体之一与企业开展合作的深度有待加深[25]。

受多方面因素影响，目前校企合作作为产教融合政策执行的主要形式之一，还没有得到很好实施。通过以往的实践总结来看，产教融合作为培养适合满足不同用人单位需要的应用型人才的培养模式，企业很乐意参与其中，尽管2017年《国务院办公厅关于深化产教融合的若干意见》（国办发〔2017〕95号）文件中提出要强化企业的重要主体作用，但在“引企入教”的各项改革中缺乏具体政策规划方案和制度保障，受政策操作性不强和内容不完善等要素影响，导致企业不知道如何可持续性地参与产教融合，导致政策的执行流于表面化，政策执行的效力没有被充分发挥出来。

### （二）政策执行的附加

产教融合政策的附加是指在执行政策过程中，执行主体基于利益的获取，附加了一些原有政策目标没有的内容，并将此纳入政策执行方案中，使原政策执行融入了一些并不合适的附加条件与成分[26]。这种政策的附加性行为忽视了原有政策的真实性，严重损害了政策的权威性，也违背了职业教育的发展规律，直接影响了职业教育的整体形象和质量。培养复合型技术技能型人才已经成为高职院校人才培养的追求，因此为鼓励在校生积极考取多类型的职业技能等级证书已经成为众多高职院校为夯实学生的专业基础发展的重要举措。毕业生专

---

24 李秉强，余静，黄磊．职业教育与产业融合发展失衡剖析：以江西省为例［J］．金华职业技术学院学报，2020,20(02):1-7.

25 王春波．基于产教融合、校企合作的现代学徒制在高职教育中的应用与实践［J］．现代职业教育，2018(05):177.

26 贾洪岩，刘惠娟．工匠精神培养与高职校园文化建设融合育人机制研究［J］．改革与开放，2018(10):141-142.

业资格证书的获取率已经成为高职院校衡量人才培养质量的重要评价指标之一。学生在校期间考取与所学专业相对应的职业资格证书，既是学生学习成果与职业技能水平的体现，也是企业对技术技能型人才选拔重要要求之一，“持证上岗”就是对人才质量要求的重要体现。

### （三）政策执行的偏离

产教融合政策执行偏离是指政策执行主体正面贯彻落实国家政策的号召，但在实际的执行过程中，片面采取不合理的措施，违背政策原来的精神与内容，自行其是，其结果导致政策执行的严重“变味”“走样”[27]。主要有以下两种执行表现形式。

第一种，政策执行无意偏离是指产教融合政策执行主体受政策环境或政策内容不清晰以及政策执行主体执行素质能力限制等因素影响，导致政策无法被常态执行，使政策执行过程与结果偏离政策目标。政策执行主体作为职业教育产教融合政策的贯彻者和执行者，是联结政策与政策目标群体的桥梁。可以说，产教融合政策执行主体对政策认同态度，政策管理水平以及执行综合素质直接影响高职教育政策有效执行，是保障政策目标得以实现的关键因素。各中高职院校从事教育教学工作的人员作为产教融合政策执行主体，部分职校教师在课堂教学中对学生自主学习能力培养存在误解，误把培养学生的自主学习能力等同于把课堂完全交给学生，由学生充当教师的身份，完成课堂的教学，导致影响课堂教学效果。其次，由于部分教师对高校人才培养目标的理解存在偏差，对应用型技术技能型人才培养缺乏足够重视，导致在教学过程中出现重视理论教学而忽略实践教学的现象。

此外，与普通教育的办学定位有所不同，应用型人才培养的定位侧重培养以就业为导向，面向与社会产业服务相匹配的高素质技术技能型人才，在办学定位的主导下，高校就应该完善“双师型”教师标准[28]，打造高水平双师型教师队伍，引导与激发教师立足课堂，潜心教书育人。然而，部分政策执行者由于对所在高校的办学定位理解不够清晰，盲目制定并出台鼓励教师参与科研工作的政策方案，在政策方案利益驱动的环境氛围影响下，导致教师把众多的时间与精力都投入政策方案的执行中，而怠慢了实际专业教学工作。因此，作为产

---

27　周国雄．地方政府政策执行主观偏差行为的博弈分析［J］．社会科学，2007(08):73-79.

28　曹美苑，兰青．粤港澳大湾区战略背景下佛山高职专业结构调整策略分析［J］．高教论坛，2020(02):30-34.

教融合政策执行主者之一的高校还没有充分意识到自身的质量主体地位，导致出现政策执行无意偏离的现象，降低政策执行效度，最终难以保证院校人才培养的内部质量，违背政策预设培养高素质创新和技术技能型人才的目标。

第二种，政策执行的有意偏离是指政策执行者出于对自身利益的驱动，擅自对政策内容进行重新解读，试图违背政策的目标与精神而片面采取不合理的措施，导致政策执行效果与职业教育的目标不相符合[29]。从校学生实习基本情况的调查结果中也得知，绝大多数学生反映顶岗实习岗位符合专业培养目标要求，且与所学的专业对口或相近，有接近51.7%是实习生所在实习单位实习一般为3至6个月，但也有30.5%的学生反映实习时间较短仅为3个月以内的时间。在工作量与工作强度的调查中，有接近32.6%的实习生反映工作量大，经常需要加班或夜班[30]。以上现象表明，企业人员对学生参与实习缺乏本质性的正确认识，再加之现在的用工制并没有明确要求企业必须参与人才培养的行为，高强度的工作状态与短时期的实习时间把实习生的“顶岗实习”偏离演变成“顶岗劳动力”，顶岗实习“变质”“变味”，学生在实习单位匆匆走过场，不利于学生的沉淀成长。

### （四）政策执行的缺损

产教融合政策执行缺损是指执行政策时不是完全按照政策的指示和要求办事，而是仅执行政策中的部分内容或某些内容，其余则予以搁置或遗弃。“双师型”教师作为中高职院校教师队伍的重要组成部分，在打造“双师型”教师队伍建设过程中，各高校根据学校发展需要，制定了相关政策方案。据顺德某一中职学校教师反映，尽管学校对“双师型”教师招聘有政策方案的扶持，但在实际的招聘过程中，并没有完全按照政策中对能工巧匠型人才指示和要求开展招聘，对于社会能工巧匠型人才招聘，依然参照高学历的标向开展招聘，由于社会能工巧匠型人才尽管具备娴熟高超的专业技术能力但碍于学历层次未达标，最后导致变为倾向于招聘硕士与博士等高学历层次的人才，职业学校双师型教师也难以达到一定的存量。只盲目侧重追求高学历攀比而忽略了对双师型教师的认识与培养，政策执行缺损违背了执行政策原则性的要求，结果使得双师型教师队伍建设方案演变为提高高校教师学历水平的政策。

---

29 邹寄燕，崔联合．职业院校教师参与质量文化建设的探索与思考：基于欧盟“通过有效工具培养教师和培训师的质量文化（QUAL4T）”项目的研究[J]．职教通讯，2020(05)：110-116.

30 胡应坤，吴国俊．校企合作新模式的改革与实施[J]．现代职业教育，2019(32)：284-285.

其次，尽管各中高职院校存在着政府、学校以及社会等多方办学主体，但对于绝大多数公立高校而言，现阶段职业教育的办学责任最主要的还是政府，地方政府对高校的办学投入占据了主导地位。国家相继出台有关政策号召要求地方政府要加大对职业教育办学的投入力度，各中高职院校办学经费主要来源于公共财政性教育经费与事业收入。其中，公共财政性教育经费占了所有办学经费的70%以上。可见，为确保职业教育的正常运行与发展，地方政府作为促进教育政策内容实施与完成实现教育政策目标转化的关键桥梁，是在产教融合政策的执行中承担着加快政策目标实现的助推器。在制约企业参与执行产教融合政策积极性的影响因素调查结果得知，与其他因素相比较，政府缺乏对企业积极的鼓励和优惠政策占据了最大的比重，约为31.11%。企业在参与产教融合，培养人才的过程中需要付出很高的人力与物力成本，由于政府缺乏针对企业接受实习生的激励政策[31]，外加培养的学生愿意留在企业工作的概率较低，在面临高成本的负担与收益甚小的结果情况下，导致企业参与政策执行的积极性下降。而2016年教育部等五部门发布的《职业学校学生实习管理规定》（教职成〔2016〕3号）中要求："地方各级人民政府相关部门应高度重视职业学校学生实习工作，切实承担责任，结合本地实际制定具体措施鼓励企（事）业等单位接收职业学校学生实习。"[32]可见，政府在产教融合政策的执行过程出现对上述政策内容要求出现有关职责的缺位，不积极参与政策内容的执行，从而一定程度上影响产教融合政策执行以促进高质量人才培养预设目标的实现。

此外，尽管相关政策表明职业学校对学生学习年限有自主管理权限，如《广东省职业教育条例》中指出："实行学分制的职业学校，应当允许学生分阶段完成学业，在保证完成教学总学时和修满总学分并符合规定标准的前提下适当缩短或者延长修业年限。"但在实际的学生管理工作中，学院出于统一管理的便利性，要求学生不得在规定的学习年限内提前完成学业。因此，机械执行与职业教育发展规律不相符合的政策行为，最终势必影响学校人才培养质量。

产教融合政策的执行是一个在政府、高职院校、行业企业、行业协会及社会机构及相关团体的合力作用下，在多种要素相互关联耦合情况下，实现产教融合政策目标的动态性行动过程。而任何一项要素出现问题都会影响产教融合政策的效度，从而最终影响人才培养的目标。

---

31 唐春霞，吴佳，马佩勋．职业院校实习新规视域下综合类高职院校学生顶岗实习管理实践与思考［J］．长沙民政职业技术学院学报，2018，25(03)：76-79.

32 唐春霞，吴佳，马佩勋．职业院校实习新规视域下综合类高职院校学生顶岗实习管理实践与思考［J］．长沙民政职业技术学院学报，2018，25(03)：76-79.

## 三、产教融合人才培养的校企协作效率不高

社会主义市场经济的发展给企业带来新的发展机遇，企业对于人才需求种类不断变化，产教融合的范围要更广，深度还要不断加深。但是在这个过程中产教融合校企之间的协作效率有待提高。

### （一）高校改革发展动力不足

根据国家颁布的相关法律，很多政策都是推进职业学校产教融合，如《关于深化产教融合的若干意见》等，这些政策都鼓励学校培养专业能力强、素质能力高的人才。虽然国家出台了相关政策，但是学校在实际发展当中，仍然出现改革发展动力不足的问题，其中最主要的问题是学校发展滞后的问题。在产教融合过程当中，有些学校落实办学或者是合作办学不到位，相关课程和学校相关制度跟不上政策发展、校企之间的配合不默契等，都是高校改革发展动力不足的表现。

还有的学校打着联合办学的旗号，为了保证学校生源，承诺学生毕业后可以优先选择合作企业实习就业。这样虽然在一定程度上保证了学校生源，提高了就业率。但是，这样下去，学校必须与强有力大型企业合作才能吸引学生报名。除此之外，学校也可以通过科研经费投入等来进行人才培养，同时也解决了学生生源问题。无论是这两种情况的哪一种，学校的压力都不足以变为动力，这也导致有些学校改革发展动力不足，存在惰性。

### （二）企业参与度不积极，缺乏双赢意识

从目前产教融合人才培养现状来看，企业参与产教融合积极性不高，对于企业和学校双赢没有意识。大多数企业认为企业在产业融合人才培养当中只负责实习或者就业，而教育和培养应该是学校负责。这样就造成企业和学校之间相互配合存在局限[33]。企业从自身角度出发，想要利用低成本来达到高利润，对于产教融合人才培养不愿意承担隐形开支，对于学校学生实习也不够用心。发生这样的情况，会导致以后学生实习或者入职之后，能力得不到提升，对于日后学生入职产生不利影响，从长远来看，直接影响企业用人成本，最后受到损失的仍然是企业。所以，企业在产教融合人才培养中，应该提高双赢意识，主动参与到人才培养当中来。

在企业和学校联合办学过程当中，双方的权利和义务关系界限不明确，没

---

33 顾明国. 产教融合背景下物流专业实训的探讨研究[J]. 现代营销（经营版）,2019(04):240-241.

有标准。企业在履行义务的时候也表现出漫不经心或者应付的态度，企业参与产教融合人才培养主要集中在学生实习和录用等环节，真正参与到理论学习的很少。这种情况容易造成学生技能方面出现偏差，学生掌握理论知识，对于实际操作很生疏。企业不参与教学，直接由学校代替企业来进行测验，学校遵循传统教学模式，这样就失去产教融合人才培养的意义，达不到产教融合效果。

## 四、产教融合人才培养的产业与课程教学体系脱位

企业人才需求和学校人才培养目标是一致的。但是，从目前产教融合人才培养来看，学校教育和企业人才需求契合度低，甚至有脱节的情况发生。出现这种情况最主要原因就是产教融合人才培养的教学和产业脱节，两者契合度低造成的。这个问题主要表现在两个方面。

### （一）企业产教融合参与深度不够

目前，产教融合遵循这样的流程：学校培养 + 企业实习。企业和学校在产教融合方面融合度不够，融合深度也需要加强。其中融合度不够主要表现在两个方面：一个是合作形式融合度不够，一个是培养目标融合度不够。融合度不够的问题导致目前产教融合在培养人才方面除了综合素质外，通用能力、技术能力等不高。这进一步表明，企业人才需求和学校人才培养目标出现脱节。最终导致学生在入职企业后无法胜任企业工作。

### （二）学校应用型人才培养目标落实不足

个别高校积极响应国家号召，根据职业教育发展状况，及时调整产教融合人才培养目标，这样的做法值得称赞。但是，在实际实施过程当中，很多政策和目标就变了味儿，没有严格按照制定的目标来培养，很多培养目标没有真正落到实处，有些高校还是提倡新口号，实用老口号，造成产教融合人才培养落不到实处，出现人才培养和企业需求脱节的情况。有些学校重视知识讲授，却忽视实践；而有些学校重视实践，却忽视理论知识。这两种极端情况，都是不可取的，与培养应用型人才目标相违背。

## 五、教师队伍职业技能较弱

教师深入企业了解产业的较少，企业工程师和学校教师沟通也较少。这个问题造成很多壁垒，教师授课和企业实践无法结合起来，这对于产教融合人才培养是劣势，容易让产教融合人才培养陷入困境，具体问题如下。

### （一）校企合作教学深入度不足

职业教育和企业需要决定企业必须参与到产教融合人才培养当中来，学校和企业两者都具有主体地位。但是，现实情况是学校在人才培养上掌握主动权，因为教师的理论知识丰富，向学生授课的时间长。而企业处于被动地位，只有学校邀请，企业才会派出管理者或者工程师等来开设讲座，或者开设选修课。只有学校要求，企业才会被动参与到课程教学当中来。一般情况下，企业不会主动参与人才培养。同时，企业也很少邀请学校教师去企业参观或者交流，因为企业以营利为目的，对于这些参观和交流不重视。当然，也有的职业学校派教师去企业交流，让教师参与到企业实践当中去，但是由于时间短或者一些其他因素，让教师很难从企业当中获得直接经验，效果不好。

### （二）教师评价激励机制不完善

在产教融合教学成果评价层面上，一些高校对于教师的考评机制没有与产教融合相匹配，使得一些教师对于产教融合工作缺乏积极性。对于高校的专职教师来讲，其对多年已成型的教学工作模式已经使完全适应，并且已经获取到了足够的社会地位与成就感，而大多数的高校绩效考评与传统的课时数量、科研论文情况、参赛获奖情况相关，对于学生们的实践应用能力的测评缺乏有效的量化考评，这就致使部分教师无法真正地主动将精力投入到产教融合工作中，更不愿意深入到企业去实践学习。

在教师激励层面上，许多高校对于教师产教融合人才培养成果的激励机制不足，导致教师主动参与企业锻炼的积极性不高。一方面，对于专职教师来说，其大多精力主要投入到了学校日常教学之中，教学等工作任务并不轻松，而进入到企业挂职学习培训不仅会占用其私人时间与精力，同时在其职称评定和薪资待遇上并没有明显的提升，反而可能会降低其工作效率，缺乏薪酬以及晋升的激励，教师也就无法真正主动地提升自身应用技能。

## 六、产教融合人才培养的保障不足

在产教融合人才培养保障力度方面仍然存在很多问题，例如保障支持力度不够、相关培养政策不完善等。虽然存在这些问题，但是不能成为产教融合转型的障碍，应该从体制方面突破这些问题。

### （一）政策保障力度滞后

中小企业对产教融合持观望态度，有些中小企业不愿意参与到产教融合当中来。这一方面是由于中小企业和高校产教融合得不好，另一方也是没有相关政策的鼓励和支持。对于中小企业而言，他们的综合实力没有大企业强，企业规模也没有大企业大，资金链、抗风险能力等和大企业相比都有局限性。而产教融合人才培养是属于人才储备的一个长线投资，不能够立刻见到收益，而且这种人才投资风险大，收益无法判断。这种情况让很多中小企业望而却步，中小企业没有多余精力和资金来参与到产教融合人才培养当中来。

国家法律法规没有对中小企业参与产教融合政策支持，仅出台指导意见推动产教融合人才培养工作。很多中小企业面对这样的市场环境，不敢参与至产教融合中来[34]。

目前我国发展较为成熟的产教融合人才培养模式还在不断摸索、完善、发展中，在不断完善和发展的过程当中，许多成功典型还不能作为案例进行推广，还需要继续跟进，这就造成没有典型案例作为参考，很多模式不能马上推广[35]。所以，对于中小企业而言，没有太多的案例和产教融合人才培养模式可供参考，这也导致中小企业在产教融合中的参与度不高。

#### （二）资金机制支持力度不足

职业教育资金来源多样，包括企业、行业组织以及公益团体等。这些组织通过给予职业教育院校资金或者是购买设备等方式支持高校。但是，对于学生培养经费方面扶持较少，仍然是国家和政府给予一定的经济投入。各个组织支持高校的力度还应当加强，对于人才培养经费应该加大投入力度。当前，针对产教融合项目的经费申请都非常复杂，程序很多，审批流程慢，需要反复提交的资料很多，没办法满足产教融合需要。最终会让企业和高校合作陷入僵局，让培养应用型人才陷入困境当中。

## 第二节 我国产教融合取得的成就

### 一、卓越工程师教育培养计划的开展

2010 年 6 月，“卓越工程师教育培养计划”（以下简称“卓计划”）启动

34 张婷．应用型高校产教融合过程中存在的问题与对策 [J]. 科教导刊（中旬刊）, 2019(10):1-2.

35 刘毅斌．新时代职业教育产教融合人才培养模式探索 [J]. 职业, 2020(01):46-47.

会在天津大学举办，该计划为期十年，以改革人才培养模式为核心，重点面向工科本科生及研究生，培养具有优秀的革新能力、能够满足社会及行业产业发展的高标准的优秀工程人才。“卓计划”的提出背景是创新型国家发展战略的发布，主要目的是强化工程教育与工业界的联系，为国家的创新发展提供强大的人才后备军，为建设中国特色工业化道路提供支持。“卓计划”的一项工作重点就是构建行业督导、校企联合的卓越工程师教育培养计划开展制度，完善卓越工程师教育培养计划校企联合育人机制，包括育人目的确定、课程结构的安排布局以及教学内容的选择、联合进行人才培养、联合评测培养质量。除此之外，“卓计划”还提出对参与产教融合的企业制定相应的优惠鼓励政策。

“卓计划”自 2010 年发展至今，全国有 218 所高校加入，上千个本科及研究生学科专业加入“卓计划”。各高校在充分明确办学定位的基础上，人才培养效果显著。2018 年 10 月，《关于加快建设发展新工科实施卓越工程师教育培养计划 2.0 的意见》的出台将工程教育改革提升到国家发展战略高度，并要求开展国家层面的“大学生实习条例”立法工作，推进实行针对工科学生实习的“百万计划”。可以预见，随着“卓计划 2.0”的出台，将会带动产教融合各项保障机制的进步与完善。

## 二、促进产教融合发展工程的快速实施

产教融合发展工程于 2016 年由中央及地方政府共同组织开展实施，其目的是要大幅度提高职业教育为学生未来发展服务、为国民经济社会发展服务的能力，建设更现代化的职业教育体系。产教融合发展工程重点面向中等职业学校（含技工学校）、高等职业学校和应用型本科高校。这些高校以开展职业教育为主要任务，致力于培养应用技术型人才。如此一来，“卓计划”与产教融合发展工程并驾齐驱，创新人才与应用人才分类培养，人才结构也更加趋于合理，既能够满足不同行业的人才需求，也符合新工科的建设逻辑。

在产教融合发展工程中，应用型本科高校成为发力重点。这类院校多由若干个专科学校合并组建而成，发展上正处于由职业教育向普通高等教育的转型过渡期。应用型本科高校要想转型成功，形成自身独有的办学特色，更需要产教融合的加持。应用型本科高校的发展离不开地方政府的支持，因此该校与地方政府签订合作框架协议，所培养的应用型人才主要服务本地经济发展。这也表明，应用型本科高校转型成功的关键在于坚持发展产教融合，这样才可以在同质化严重的办学模式中凝练出特色。

### 三、助力产学合作协同育人项目的落地

产学合作协同育人项目是由教育部推动，2014 年起开展施行，目的在于以企业需求的变化促使高等教育改革人才培养模式，提高人才培养质量。通过高校与企业共同开展合作项目的方式，搭建产学发展平台，促进校企双方深入对话。诸多实践表明，人才培养模式改革必须结合社会需要，高等工程教育更不例外。之所以说产教融合发展潜力巨大，是因为无论从数量规模还是内容建设上都呈现出良好的发展态势。数量上，该项目参与企业在 2014 年只有 20 多家，5 年过去，数量增长了 10 倍之多。项目数也从 700 多个增长到 11 000 多个。内容上，项目涵盖范围不断扩大，最初只有 2 种项目，即专业综合改革和大学生创新创业基金，划分较为笼统，高校和企业可选择的内容十分有限。到现在，产学合作项目共有 8 种。涉及人才培养的方方面面，同时还增加了新工科专题研究。主要包括课程教学改革、新工科建设、实践教学内容改革、创新创业教育改革等。项目范围的扩大为更多高校和企业提供了选择空间，也有利于校企双方更深入细致地展开合作。为促进产学合作协同育人项目可持续进行，教育部联合重点高校设立专家组，开展项目的咨询、审议、指导工作。

在 2018 年教育部产学合作协同育人项目对接会上，一大批新型合作育人项目确立，也有一大批项目已经完成，并进行总结。不少企业由于贡献突出被授予优秀合作伙伴的荣誉称号，如腾讯、华为、百度、中软国际等，也有部分高校获得了优秀组织奖，用以表彰其在产学合作过程中作出的努力，如湖北工业大学、西安科技大学等，这也吸引和鼓励着更多的高校和企业申报产学合作项目。工程教育强国之梦的实现需要脚踏实地地走好发展的每一步，高等教育普及化已经指日可待，高等工程教育在一定程度上引领经济发展的新方向，这也是判断新工科建设成效的主要标准。鉴于此，高校和企业有必要联合起来，整合优势资源，加快工程教育改革的步伐。

## 第三节 新时期产教融合面临的挑战

### 一、新时期产教融合面临的挑战分析

#### （一）从国家发展、提升国际竞争力的角度

国家行政学院经济学部许正中教授认为：①千年剧变，把职业教育放在引

领的新角度。技术迭代，新产业衍生成为主导；职业替代速度超越想象，社会替代速度要求每个人保持创造性；职业教育也面临着创新的挑战，要勇于理论创新。②世界竞争格局的变化，需要打造结构性竞争力，包括五个方面——产业结构竞争力、利益结构竞争力、区域结构竞争力、制度结构竞争力、伦理结构竞争力，其中，职业结构竞争力和利益结构竞争力是职业教育发力的重中之重。

### （二）从产业发展的角度

有学者认为，产教融合校企合作鼓励职业教育要树立产业主导思维，职业教育要把自己从原来世界工厂的框架下解放出来，及时转型升级成中国创造、中国制造背景下的职业教育。

### （三）从职业教育体系的角度

华东师范大学石伟平教授认为，十九大提出的“完善职业教育和培训体系”，这个体系不是两个体系而是一个体系。人才成长或人才培养，就业前的培养和就业后的继续提升是一个体系，像名师培养一样，上完大学出来充其量是入职合格，要成为名师还要在工作岗位上养成。职业教育培养的人才是合格的人才，要真正培养高技能人才，就业之前需要校企合作，就业之后更需要校企合作。目前，制度是不完善的，体系是不完善的，我们大量的精力、财力多是放在前者，对后者重视不够。

## 二、体制机制——仍需要进一步深化改革

1996 年《职业教育法》第二十三条规定，职业教育“应当实行产教结合”，确立了产教结合的法律地位。2010 年，《教育规划纲要》提出，制定促进校企合作办学法规，推进校企合作制度化。2014 年，国务院《关于加快发展现代职业教育的决定》提出，研究制定促进校企合作办学有关法规和激励政策。党的十九大明确提出“深化产教融合、校企合作”的要求。2017 年年底，国务院办公厅印发了《关于深化产教融合的若干意见》，阐述了深入产教融合的任务、要求和标准。2018 年 2 月，教育部等 6 部委印发了《职业学校校企合作办法》，对校企合作方式、促进措施、检查等作出明确规定。两个文件共同形成了推动职业教育提高质量，深化产教融合、校企合作的政策“组合拳”。

新时期，面对新的挑战，产教融合如何进一步落实体制机制改革，有学者认为：一要破解难题，强化企业融合，突破产教融合瓶颈。通过人力资源供给

侧改革，为我国发展提供人才支撑；二要扶持行业和社会机构，促进产教双方的衔接。提升行业组织权威，建立以行业为主导的职业教育第三方评价机制。把行业调研、行业规划、职业资格标准和技能考核等都纳入行业协会职责范围，支持行业组织开展人才需求预测和教育教学的指导；三要创新机制，保障产教融合相关方的利益，建立长效合作机制。

同样，也有学者认为：职教要做好“合”这篇文章。一是以服务发展为宗旨，职业教育既要服务国家战略、经济社会发展，又要服务人的发展，两个服务要找到结合点。二是在两个主体上找到结合点，企业和学校既要分享利益，也要责任共担。三是在两个布局上找到结合点。一个是经济、社会发展的布局，另一个是教育的布局。

也有学者认为：一要聚焦不平衡、不充分，构建多元协同的新机制。目前，这方面的政策支撑，包括治理手段，滞后于我们的时代。落实十九大精神，构建新经济体系和产业体系，作为经济体的支撑，都讲到人力资源支撑。这需要多部门横向纵向建立起新的合作关系。二要聚焦价值贡献力，激发融合发展。平衡企业、学校、行业，以及个人成长和国家战略之间的利益关系。

## 三、发展方向——融合数字化、网络化、智能化

新时代面向数字化、网络化、智能化发展的产教融合校企合作，将会是未来职业教育发展的热点。

### （一）企业角度理解

从企业角度出发，强调了数字化、网络化、智能化发展背景下企业对人才的需求。物联网作为传感器、通信、计算机等专业的前沿交叉，目前在全球范围获得迅猛发展。物联网涉及智能家居、智能农业、智能物业、智慧交通、智慧旅游，等等，带来了大量新兴的职业教育，面向物联网和人工智能的职业教育方向，将会是现在和未来的热点。

整个人类社会的文明在呈现加速度的方式变化。以前一个国际知名品牌的形成可能要投入很大资金，耗费很长时间，但是现在类似于滴滴、Uber 用了不到两年时间就已经做到了。在数字化的广阔领域中，职业教育、企业培训，应该更好地融合，为未来职业教育发展方向带来一定的指引。

与此同时，数字化的产业人才，要从中国走向海外，需要企业与学校共同合作。如深圳职业技术学院与华为总部做的共建共生共享项目，实质上是华为企业的专家认证证书丰富了高职院校的课程体系，而高职院校的课程体系推动

华为证书走向全世界。

### （二）教育角度理解

从教育角度出发，以信息化为切入点，从教育管理向教育治理转型，着力提升职业教育现代化水平，推动职业教育高质量、有特色发展。也可以理解为，校企合作的新时代，要进一步拓展沟通交流。网络学习空间会是一种产教融合、校企合作融合的新途径。

# 第三章 国外产教融合一体化育人模式分析

校企合作在国外，尤其是在西方经济发达国家十分普及，校企合作、产教融合根据不同国情，从理论到实践都形成了成熟的固定模式，为助推各国的经济发展起到了重要作用。比如，德国的“双元制”模式、英国的“三明治”模式、美国的“CBE”模式和意大利的“企业参与大学教育”模式等，对我国的校企合作、产教融合的推进有着非常重要的借鉴意义。

## 第一节 德国“双元制”模式

### 一、德国“双元制”模式

德国“双元制”职业教育其实就是一种将学校理论知识进行融合的企业生产实践型培训模式，此类培训模式具备更好的工学交替价值，可以让学生在参与企业生产实践的过程中积累专业技能与综合素养。此类教育模式不仅包含学习内容、学生身份、育人主体方面的双元化，更重要的是注重实践培训，可以起到事半功倍的教学成效。

德国“双元制”在世界上享有盛誉，主要是因为其培训产教融合的水平高，而这一高质量的培训又是以客观、公正、规范的考试考核体系为保障的。

### 二、德国“双元制”模式与特点

“双元制”是指高等职业学校与企业协同构建职业教育，用人单位和高校、教师与企业培训人共同培养学生，学生具有双重身份，旨在最大程度地利用学校和企业的条件和优势，强化理论与实践相结合，从而培养既具有专业理论知识又具有专业技术和技能以及解决职业实际问题能力的高素质技术人才的一种教育制度。

### （一）育人主体双元化

事实上，德国的“双元制”职业教育是从“学徒制”逐步成型，这种教育体制具备极强的雇主（企业）属性，学生在受教育的过程中并不是为了应付某种考试，本质上是为了将理论知识与实践能力进行融合，确保今后踏入社会之后能够直接胜任工作岗位，满足企业的生产经营需求。随着时代不断发展，德国工业进程在不断地演变与进化，传统的学徒制开始无法适应企业对人才的需求，于是在此基础上逐渐完成蜕变，促成了学校与企业之间的“双元制”，形成了职业教育的育人主体，因此德国“双元制”这种教育形式无论是从纵向还是横向范围来看，此类教育机制都更加适应时代发展，让学校与企业之间合作变得愈发紧密，教育深度也得到大幅拓展。通常情况下“双元制”高职教育中的企业需要承担学生主体的实践教学任务，同时需要与政府部门共同分担职业教育所产生的费用，在整个过程中会涉及实践教育需要用到的专职实训教师、专业设备以及生产经营场所等，而且在教学过程中要为学生提供充沛的社会保险与生活补贴，也为教师提供相应的福利待遇。总而言之，德国“双元制”的主要内涵之一便是打造软硬兼具的一体化实践型教学服务，它是一个系统化、专业化、效率化的教育体系，一旦体系成熟，便可以达成育人主体双元化发展的效果，帮助所有高职学生掌握扎实的职业行动能力与专业素养。

### （二）受教育者角度双元化

所谓受教育者角度双元化，其实就是指在学习内容、学生身份两方面的教育培训。德国“双元制”育人主体决定了企业、学生、学校三方面之间必须完成密切融合，让学习地点完成灵活转换，以一周七天为划分，其中有三天需要在企业进行实践学习，学校则负责其余两天的理论知识讲解，在讲解过程中需要注意与企业实践相结合，让学生在企业与学校之间完成交替学习，为期12周左右。在这个学习过程里，学生往往会带着疑问前往企业参加培训，然后再返回学校思考自己需要解决的问题是什么，学校负责理论拓展，提出“为什么”，企业负责解答。在“双元制”职业教育体制中，学生与企业之间必须签订《职业教育合同》，让学生在整个过程中具备在校学生与企业员工双重身份。

### （三）教师队伍专业化

客观而言，能够胜任“双元制”职业教育的教师队伍本身就具备扎实的实践能力与理论知识水平。成为企业内部的实训教师不但具有“业务精、品格好”的属性，同时其文凭也绝不能低于所教的高职毕业生，而且对口的专业理论知识也非常牢靠。任职的职业学校教师，必须获得国家承认的综合大学或者同等级别的教育机构硕士与学士学位，同时需要通过对应的专业考试之后才能上岗任教。对于那些在高职院校担任大学教授的职称，一定要超过5年以上的教育经验，否则不予准入。从此可以看出，“双元制”教师队伍具有非常严格的任职标准。

### （四）教学更具组织性

完善的保障机制与注重实践导向的“双元制”职业教育体系，往往具备严谨的组织性，学校与企业之间完成交替的过程都需要逐步实施，各个环节不断细化，逐渐完成以实践为导向的教育形式，其目的是帮助学生在企业生产经营之中培养具备实操能力的应用型人才。因此，“双元制”职业教育的教学实践、实践课程等都不会拘泥于某一种特定的形式，具备灵活转换性，注重“行动导向法”，甚至很多教师在教学过程中会脱离教材，利用职业需求来确定下一步的学习内容，有时会以当下实际生产案例来进行科学引导，因为只有这样才能让学生在过程中培养主动探索、独立思考的能力。其中涉及的实践教学需要分派到的各种任务，目的是解决遗留在学生脑海中的疑惑，培养他们具体问题具体分析的能力，让学生在学习的过程中掌握扎实的专业技能，不仅有利于培养学生的分析能力，同时也让他们积累很多生产经营方面的经验，为将来踏入对应岗位夯实基础，成为毕业即可上岗的高素质应用型人才。

### （五）教育格局具有前瞻性

实际上，德国的“双元制”职业教育体系与相关保障机制之间的联系十分紧密，两者相辅相成，共同促进，教育格局颇具前瞻性。首先，德国“双元制”在工作格局上并不存在学校为主体或者企业为主体，两者之间互为主导，同时还有政府、行业协会一起在推动教育工作落实；其次，在法律方面予以保障，德国联邦政府先出台对应的《企业培训条例》以及《联邦职业教育法》等条款，只有统一规划企业职业培训，学校才能参与到具体的教育合作之中；最后，涉及学生考核方面的工作事项，德国“双元制”职业教育比较注重施行教学与考试分离的模式，虽然教学环节与考试环节之间相互独立，却存在互相促进的内部联系，其最终目的都是为了给学生提供更规范化、公平化的考核检验手段，能够有效促进高职学生的学习品质。而对比我国的教育格局，其实短时间内很难完全效仿德国这种“考学分离”的模式，因为中国的高职教育毕竟起步较晚，很多教育环节都处在发展阶段，还需要各级部门加深合作，辩证地去看待德国“双元制”教育体制的优势汲取。

### （六）教育公平性与社会服务广泛性

客观而言，德国“双元制”职业教育体系是全社会参与的一项系统化工作，不仅受到教育界、企业的高度重视，相关政府部门也对其十分看重。才能够为德国培养出更多具备实用能力的应用型职工，而且具有卓著的教育成效，其一体化非常强，各个部门之间都很看重提高企业生产力、节约教育成本等环节的落实，为德国产生了广泛的社会效益。

1. 教育公平性

德国职业教育培训体系被公认为是“没有死胡同”的完美模式，与德国内部的高等教育体系契合得非常紧密，两者都能够为全民提供公平的教育机会。举例而言，在德国受到职业教育培训的人才，无论高中学生还是初中学生，都能够得到一视同仁的职业教育培训，进修机会也公平对等，并不存在任何一种层面的职业歧视，他们非常了解企业内部产业结构调整的灵活性，知识与应用技术匹配高度统一。

2. 社会服务广泛性

对于有些不满足工作现状的年轻人，他们在面临工作转换的时候通过职业培训同样可以根据自己的兴趣来觅得具备发展前景的职业，社会服务可谓非常广泛。德国“双元制”教育与其他类型的教育形式相比，还能够进行更加适宜的分流，将“人尽其才、人尽其用”的特色最大化。很多德国学生在毕业之后，可以从普通学校直接转入职业学校，即便是学习成绩较差的一些学生，他们在接受对应的文化课补习后同样可以顺利进入职业学校。

## 第二节 美国“合作教育”模式

相较于德国的双元制教育模式来说，美国的合作教育模式开展范围更加广泛，几乎各种类型的大学都进行了合作教育。合作教育最早在1906年辛辛那提大学开展实施，发起人是赫尔曼·施耐德教授。最初的合作教育以学工交替的方式进行，将参加合作教育计划的学生分成两组，一组在学校学习，另一组到地方的工厂中工作，一周以后这两组交换位置。经过多年发展，目前美国有三分之一的高校都实行合作教育制度。联邦政府对此也大力支持，并且成立了专门的全球性组织——世界合作教育协会，来推动合作教育的发展。

## 一、美国“合作教育”发展历程

20世纪二三十年代，美国经济不断发展，高等职业教育应运而生。美国实施高等职业教育的主要机构是社区学院，至今已有100多年的历史，公立学校占比达到了70%。社区学校会以社区为基础，为社会民众提供教育服务，一是为其提供学历教育，与正规大学无缝衔接；二是职业技术教育，其核心是帮助学生更好地就业；三是针对成人展开的教育。这些社区学校具有开放性特征，同时收费低，而且具有良好的就业优势。美国高等职业教育强调要以学生为核心，对于学生的个体差异，要采取不同的教学方式，为其提供不同的教学资料，安排不同的教学时间，选择不同的学习方式，并且要依据不同入口层次，一一给予确认，真正做到因材施教。美国高等职业教育的核心是能力，需要保证企业需求得到有效的满足，重点培养学生的实际能力。它对职业角色活动展开深入的分析，为社会提供更多的培训对象，帮助他们完成自己的岗位职责，明确学员的主导性，确保学员在学习之后可以拥有实际工作能力。整个教学目标的出发点是让受教育者在学习过程中获得其今后所从事的职业所要求的所有能力。所以，指定的教学目标、策略、流程等与职业能力息息相关，不单纯强调培养学生的综合职业能力，更注重训练学生的关键能力和与他人的协作能力。美国政府十分重视职业教育的发展，通过立法的方式参与到职业教育的发展中，通过颁布一系列法案来规范职业教育的发展，当职业教育发展到一定阶段遇到新瓶颈的时候，美国政府还会随之颁布新的法案，明确需要解决的问题、应对的措施、可达到的目标，具有很强的可操作性，这种以法促教的方式，大大提高了职业教育在美国的社会地位，有利于职业教育的健康蓬勃发展，这些经验值得我国借鉴。

### （一）合作教育发展历程

#### 1. 合作教育形成时期

美国合作教育始于1906年赫尔曼·施耐德教授在辛辛那提大学工程专业实施的合作教育。根据美国重大历史事件对合作教育发展的影响及其自身的发展特征，可将20世纪美国合作教育的发展划分为四个时期：形成时期（1906年至第一次世界大战）、发展时期（一战至二战结束）、繁荣时期（二战结束至20世纪70年代初期）和改革调整时期（20世纪70年代中后期至20世纪末）。

合作教育形成时期是指1906年至第一次世界大战期间。1904年，辛辛那提大学（University of Cincinnati）土木工程专业的施耐德教授，向校长Dabney博士建议辛辛那提大学与产业相合作，开展合作教育培养工程专业学生的观点，获得了Dabney的赞同。最终形成正式建议提交给董事会，并获得通过。自此，施耐德教授开始了合作教育计划，随后波士顿理工学院（即后来的东北大学）、匹兹堡大学等学校相继实施合作教育。自1906年施耐德在辛辛那提大学实施合作教育始到第一次世界大战前，不到10年的时间，合作教育已经从美国中西部传到东部和南部。当时许多人预言，当经济萧条的时候，企业主会把所有的学生送回学校，合作教育的课程结束。事实上，至1909年秋季时，1908年的经济危机影响仍然存在，但是制造业企业主向辛辛那提大学又提出100个学生的合作教育请求。可见合作教育的思想在实践中得到了企业的肯定，并使企业从中受益。

2. 合作教育发展时期

这一时期合作教育经受了两次世界大战与全球性经济危机的考验，在开设学科与课程、学校的类型以及合作模式等方面都有所发展。第一，在合作教育涉及的学科上，从早期的土木工程专业扩展到电气、机械、化工、建筑、工业、商业管理、纺织、应用艺术等。如德雷塞尔大学开设家政学合作教育计划、乔治亚理工学院和伊利诺理工大学等开始纺织工程专业合作教育。第二，在实施学校的类型上，不仅是在四年制的大学里，还有专科学院、技术学院和中学，专科学院如波士顿格兰德专科学院，技术学院如底特律理工学院和通用汽车研究所。这一时期，合作教育在中学发展达到顶峰。1928年，南方21州78所高中实施合作教育，四年后，有167所。第三，合作教育的类型上，既有辛辛那提的强制性合作计划，也有麻省理工学院、布法罗大学的选择性合作教育计划；既有东北大学以早期的工程学校模式为基础的合作教育计划，也有实施延长交替周期和获取学位学制时间的合作教育计划，还有二战时期为缓解商业中短缺的文职人员，洛杉矶高中采用半天轮流制合作教育计划。第四，合作教育模式的发展上，出现了理念与辛辛那提模式完全不同的安提亚克模式。安提亚克不强调学习能赚钱的特定的职业技能，而是强调工作经验对理解生活的重要意义；强调被传统教育忽略的、构成真实人性的因素；认为教育的任务是让人性获得很好发展的实践经验进入教育，激励人们最大程度的发展，而传统教育不能提供足够的、适宜的环境来完善人性中一些根本的品质。和辛辛那提一样，安提亚克也强调合作教育计划职业引导功能，但施耐德关心的是计划在技术领域是否适应，而摩根关心的是给文科学生进入不同职业的机会，并分析这些职业在人类社会中所处的位置。

3. 合作教育繁荣时期

二战后到20世纪70年代初期为合作教育繁荣时期。根据合作教育发展特征的差异，将这个时期合作教育发展分为两个阶段，第一阶段为二战结束到20世纪60年代初期，第二阶段为20世纪60年代初期到70年代初期。

（1）二战结束到20世纪60年代初期

二战结束后，美国高度重视高等教育发展，杜鲁门政府提出，为所有有能力读书的青年和想读书的人提供高等教育的机会。在这一思想的影响下，美国合作教育迅速发展，1946—1962年有51所高等学院实施合作教育。战后行业企业希望雇佣实践经验的技术工人，希望教师能将行业生产中现实的工作程序带进教室。为适应这一需求，伊利诺斯大学（University of Illinois）与密歇根大学（The University of Michigan）在职业教育与工艺美术的合作计划中开展教师培训，东北大学（Northeastern University）和中央密西根大学（Central Michigan University）于20世纪50年代开始教师培训的合作教育计划。这一时期合作教育最显著的变化是研究生教育与常春藤学校开始实施合作计划。二战结束后，教育界的学者开始讨论在研究生层面开展合作教育，同时，行业也希望在研究生层面实施合作教育。他们认为，研究生院利用合作计划，选择有潜力的学生，这既帮助教师更新知识，又为研究生完成学位论文提供了合适的选题。东北大学认为，合作教育在高等教育中占有相当重要的位置，对脱产和在职的研究生学习都有优势，于是在1959年开始了研究生教育合作计划。1946年，常春藤学校之一的普林斯顿大学（Princeton University）引进了合作教育计划，让本科生暑假进企业实践。

（2）20世纪60年代初期到70年代初期

从20世纪60年代开始美国政府开展合作教育研究，经合作教育委员会的推动、国家的立法支持以及教育国情咨文的影响，合作教育发展迅猛。1963—1970年有111所大学和初级学院采用合作教育，不仅实现了国家合作教育委员会的目标，在1971年还有所超越。这一时期合作教育发展表现在三个方面。其一，在少数民族和弱势群体中开始实施合作教育。1962年，第一个黑人学院Tuskeegee Institute实施合作教育。自此，其他的黑人学院开始学习Tuskeegee Institute实施合作教育。其二，四年制高级学院合作教育显著增长。1963—1970年，采用合作教育的学校中有79所是四年制学院，增长最显著的是中西部的工业州。其三，两年制专科学院的合作教育发展较快。1971年东北大学调查的277所实施合作教育的高校中，专科学院占30%，而1970年占19.1%，1969年仅占17.6。专科院校合作教育增长的典型是佛罗里达州，所有得到政府支持专科院校都采取了合作教育体制。

4. 合作教育改革调整时期

20 世纪 70 年代到 20 世纪末美国合作教育的发展呈现出“V”形特征，是合作教育改革、调整时期。

（1）合作教育的萎缩

20 世纪 70 年代后期，美国企业界和科技界遇到日、德等国挑战，对其霸主地位构成威胁。当时许多人认为，中学开设职业性科目，只注意工作经验和技巧，对知识和系统理论不肯钻研，陷入浅学主义泥潭。其次，20 世纪 70 年代末合作教育尚未形成统一的资格证书制度，致使许多项目只能在技能要求较低、很少需要资格证书的行业开展。1978 年，国会削减了合作教育项目的特别拨款，1979—1980 年，中学阶段合作教育的注册人数从 628 150 人下降到 522 238 人，一年减少了 10 万人。1980 年，联邦政府停止了对中学阶段合作教育项目注册生数据的追踪调查。

（2）“青年学徒制”模式

20 世纪 80 年代美国青年工人劳动报酬急剧下降。而且高中阶段辍学率高，一半以上的学生未完成高中教育就辍学。如果不接受继续教育，他们难以具备国际竞争的能力。摆脱这一困境的唯一途径就是要建立一个从学校到工作的系统。于是，借鉴辛辛那提模式与传统学徒制模式优点的“青年学徒制”模式提上日程。“青年学徒制”的实施受到学生的热烈欢迎，得到各界人士的好评。这一时期在国家委员会的努力下，合作教育逐渐走出低谷，从 1985 年开始，合作教育计划数量日趋上升。

（3）《学校工作多途径法案》的实施

20 世纪 80 年代以来，美国学校未能培养出令人满意的合格人才。90 年代初，《美国的选择：高技术还是低报酬》《职业对学校的要求是什么》两大报告批评现行教育系统，没有把进入不了大学的高中生培养成为有熟练、创新能力的劳动力。为了改变这种状况，帮助美国高中和高中后的青年更好地进行就业训练，美国总统克林顿于 1994 年 5 月签署了《学校工作多途径法案》，在全国范围内推行。法案特别强调企业与学校的合作，向学生提供高中毕业证书、全国通用的技能证书等，克服了以往缺乏统一证书所造成的弊端，促进了美国合作教育的进一步发展。

## （二）合作教育的发展脉络

纵观美国 20 世纪合作教育的发展，它是一个渐进的过程，由多条脉络互为链接而成。

1. 学校层面——从高等教育向职业技术教育、中学教育发展

在合作教育形成时期，主要以四年制的大学为主体，如1906年辛辛那提大学、1909年波士顿理工学院（即后来的东北大学）等。在发展时期，合作教育的学校由四年制的大学，向专科学院、技术学院和中学扩展，专科学院如加利福尼亚大学河滨分校（University of California, Riverside），技术学院如俄亥俄州力学研究所，底特律理工学院和通用汽车。二战后，合作教育在四年制高级学院与两年制专科学院进一步发展，而中学合作教育则在20世纪80年代以后发展显著。

2. 学历层面——从本科层面向研究生层面与专科院校层面发展

首次在研究生层面开展合作教育的是1917年麻省理工学院与通用电气公司合作培养高级工程师。但二战后在研究生层面实施合作教育则成为教育家们关注的事，同时也是行业的需求。东北大学在实施合作教育50年后在研究生教育方面实施合作教育，之后有很多也相继实施研究生教育合作计划。在专科院校层面实施合作教育则始于1922年加州河滨专科学院，到1939年有14所专科院校报告实施合作教育，到二战开始时有34所。1963年以后，32所专科学院采用合作教育课程，有25所从1970年开始或计划开始实施。

3. 专业领域——从工程专业向其他专业迁移和扩散

美国合作教育起始于辛辛那提大学的土木工程专业，随后向其他工程专业扩展，一战以后已经扩展到电气、机械、化工、建筑、工业、航空、采矿工程，以及商业管理、纺织、地质工程、一般工程和应用艺术等，尤其是1921年以安提亚克为代表的文科专业开设合作教育计划，1932年德雷塞尔大学开设了家政学的合作教育计划。合作教育专业已经向社会生活与家庭生活领域迁移。在四年制的高级学院中，合作教育课程从会计扩展到工程专业、文科专业与商业专业，护理、教育、生命科学、哲学与音乐等学科相继被引进合作计划。

4. 发展模式——从“交替制”模式向多种模式并存发展

合作教育模式的发展，始于辛辛那提“交替制”模式，即学校文化学习与工厂生产实践交替进行，以周或学期为交替时间单位。1921年安提亚克大学在“全人教育”理念的指导下，开创了与辛辛那提理念完全不同的合作教育模式。20世纪60年代末，在交替制模式的基础上发展了“平行”模式，即学生上午在校学习，下午或晚上工作，使学生理论学习与实践结合得更加紧密，在不脱离学校的情况下挣得自己的大部分学费。平行模式的学生经学术中心的评定能

够获得学分。20 世纪 80 年代合作教育改革，诞生了“青年学徒制”模式。该模式主张中学生花 3 ～ 4 年时间学习一种职业，高中最后一两年和之后的两年由 1 名雇主监督，学生上岗工作时间可以从第一年每周 20 小时增至第四年的全日工作，并给予报酬。教师和雇主根据情况教授阅读、数学和其他课程。毕业生将获得高中毕业证书、接近副学士学位的学分、掌握某种职业技术的证书和丰富的工作经验。80 年代末“契约”模式诞生，特点是企业、学校、学生、家庭、社区团体等共同参与，为学生提供一份假期工作。学生可以单独与用人单位签约，也可以在家长的参与下与用人单位签约。一旦签约，学生就能获得假期工作、实习的训练岗位以及未来就业、大学奖学金等方面的机遇与待遇。比较著名的契约模式有“波士顿契约”“底特律契约”等。各种新的合作模式的出现，使美国合作教育呈现多种模式并存的格局，共同促进美国合作教育的发展。

5. 组织发展——从教育领域向社会组织与行业组织共同发展

在 1926 年施耐德发起合作院校协会之前，没有专门的合作教育组织。施耐德实施合作计划的早期阶段，在 Merriman 的支持下，成立于 1893 年的工程教育促进会给他提供了平台，探讨如何成功开展合作计划。1930 年 4 月，合作院校协会 6 名成员也是工程教育促进会的成员，要求成立工程合作教育部，12 月该组织成立。1946 年工程教育促进会改名为美国工程教育学会。1956 年，华盛顿大学的 H. Russell Bintzer 首次提出，建立一个包括非工程专业的合作教育组织，使合作教育迅速在全国范围内开展。在教育发展基金会和爱迪生基金会的支持下，1962 年 10 月，国家合作教育委员会建立，在全国范围内开展“威尔逊·莱恩斯”方案，大力宣传合作教育，力求扩大合作教育在社会中的地位。在美国社会合作教育学会和工程教育部的鼓励和支持下，国家合作教育委员会协同其他合作教育组织举行了会议，于 1963 年 9 月 18 日成立合作教育协会，代表来自大学、行业和社会组织（如爱迪生基金会），支持合作教育在非工程专业发展。

6. 支持体系——从行业支持向社会组织与政府组织共同支持发展

合作教育早期的发展主要得益于行业的支持。尤其是在大萧条时期为合作教育学生提供就业使得合作教育能够得以继续发展。二战后，社会组织与政府组织的支持成为合作教育发展的主导力量。

社会组织的支持，主要以爱迪生基金会与福特基金会为代表。爱迪生基金会于 1957 年 5 月 23 日和 24 日在俄亥俄州代顿举行议题为“合作教育和即将到来的教育危机”的会议，彰显合作教育价值，会议启动了一个为期两年的全国性合作教育研究，“威尔逊·莱恩斯”方案即为该研究的主要成果，研究提出三条建议：向其他领域的拓宽、向研究生教育延伸、在妇女教育方面采用合作教育。福特基金会的贡献主要在于对合作教育予以资金资助与政策宣传。1953年，福特基金会为六所学校提供合作教育计划所需的资金。1955年，宣布给美国大学五亿美元捐助。同年基金会出资建立电视广播教育中心，加强对合作教育的宣传报道。基金会所辖的教育与公共政策处于20世纪50年代末加大了对合作教育研究与宣传的力度。1968年基金会任命“威尔逊·莱恩斯”研究会的早期创立者威尔逊为第一任大学合作协会主席，合作教育在大学的发展逐渐纳入正轨。

政府组织对合作教育支持主要始于二战后。从杜鲁门政府到里根时代、克林顿时代，无论是在立法上，还是在财政上，无不给予莫大支持。1946年《乔治-巴登法案》规定联邦政府与各州的财政补助，使部分较好地实施了合作教育的职业学校普遍受到各工矿企业和社会的欢迎。1964年的《民权法案》为各种人群有权获得合作教育机会提供了法律保障，尤其是黑人与妇女。1965年国会通过《高等教育法案》，为合作教育的经济援助提供合法依据。1957年，国家教育发展基金资助95 250美元。1965年，美国联邦政府高等教育法案为合作教育提供支持，规定政府对合作教育进行资助，该资助持续到1992年，拨款累计达2.2亿美元。

## 二、美国“合作教育”模式特点

### （一）培养目标体现复合型与创新性

人才培养目标是随着教育目标的变化而变化的，教育目标也是随着不同时期国家对教育的要求来确定的。从美国高等工程教育发展的历史可以窥探出当代美国工程教育人才的目标，从技术范式到科学范式再到工程范式的演进，更多地强调工程师的综合能力，如团队合作、沟通、创新、社会责任感等。以美国欧林工学院为例，该学院自1997年成立以来，就以探索工程教育的新模式为主要目的，致力于推动美国工程教育的变革。在人才培养目标上，强调创新人才的培养，致力于把学生培养成为工程领域卓越的革新者[36]。在这一目标的驱动下，欧林工学院（olin college）形成了独具一格的培养模式，被《普林斯顿评论》评为全国顶尖学院之一。

---

36　李元元，邱学青，李正．合作教育的本质、历史与发展趋势 [J]．高等工程教育研究，2010(05):22-29.

### （二）培养内容注重跨学科性

随着合作教育深入发展，单纯的工程类课程已经不能满足社会需求，因此，部分学校纷纷采取措施，增强培养内容的灵活性。在开展合作教育前，向学生进行培训指导，使其了解合作教育相关内容，以便更好地适应。在合作教育开始后，通过建立企业反馈系统，将学生在工作中遇到的困难及时向学校反馈，学校收到后对理论课程进行调整，以满足工作需要。同时，在教学时间分配上，学校学习与企业工作为 1 ： 1，保证理论与实践有效融合。

欧林工学院从成立之初就十分注重与产业的融合，因此不设学系，真正实现对学生的自由教育。在专业设置上，主要集中于机械、电气、计算机以及生物工程、人工智能等。在课程的安排上，欧林工学院认为传统的工程教育课程模式太过狭窄，不足以体现工程教育的丰富内涵，因此建校之初便形成了独特的欧林三角课程设计理念，其课程模式最大特色在于将不同学科知识进行组合形成模块，跨学科特征明显，实现课程之间的有机融合。除了基础的工程教育课程之外，还增加了人文社会艺术教育和创业教育，构成欧林工学院的主体课程结构。

在此基础上，开展多种形式的合作教育模式，主要有以下三个方面。

①欧林创新实验室（OIL），该实验室是为未来的技术领导者提供协作交流解决问题的共享空间，来自各个行业的领袖聚集一起，与学生、教授等合作，寻求工程教育的变革之道。

②欧林工学院的 SCOPE（Senior Capstone Program In Engineering）即高级工程项目，该项目是该学院特有的产教融合方式，主要针对毕业生，在最后一学年，毕业生将自行组建跨学科团队，为企业提出的现实问题提供具体的解决方案。在合作对象的选择范围上也非常广泛，既有财富 500 强企业、政府研究所等，也有小型产品开发公司或者初创企业。通过一个学年的锻炼，学生的工程实践能力和创新能力都得到提高，已经具备成为一名职业人所具备的能力，为毕业后投入到工作中打下了良好的基础。

③合作实验室。欧林工学院领导人意识到要改变工程教育模式仅凭一己之力是无法完成的，因此非常注重与其他机构的合作，包括高校、政府等[37]。在每学期结束时，欧林工学院都会举办一场博览会，邀请人们参观学生作品，体验欧林工学院的课程文化，在每年夏季还举办夏季学院，参观者可以与学生共同

37 杨林，杨亚璨，陈坚．美国“合作教育”校企协作机制及其启示[J]．教育导刊，2015(01):80-84.

学习交流，而欧林工学院也将根据这些交流反馈适时调整改进课程。

在教学方法的使用上，注重项目式教学。大学四年中，每一学年都有不同的学习项目，如第一学年的项目实践、第二学年微型项目设计等，都不断提高着学生的工程能力，强化着学生个人素质。学生从项目中学习新知，再从项目中创造新知，有效提升了学习效果。

### （三）考核评价标准完整且程序严密

合作教育是由学生、高校、企业三方共同进行的，因此在考核方面也充分体现了多元性[38]。学生在完成合作教育项目之后，需要提交实习报告，由企业评定等级。同时，学生还要填写《学生合作教育工作经验学生评价表》，对企业及指导教师进行评价。

除此之外，美国还有一套专门针对合作教育的认证标准。ACCI（美国合作教育与实习认证委员会）是进行合作教育认证的主要机构，其认证标准主要包括以下 5 个部分：

任务和目标（Mission and Goals）；

机构关系（Institutional Relationships）；

雇主伙伴关系（Employer Partnerships）；

学生学习环境（Student Learning Environment）；

评估与评价（Asessment and Evaluation）。

在申请者提交认证之后，认证委员会将派出 ACCI 评审组进校园，评审小组经过访问后将向合作和实习认证理事会提交一份报告和建议，由理事会成员表决决定是否通过认证。其严谨的认证程序保证了合作教育项目的实施成果。

### （四）政策推动加机构引导的保障体系

同样的，美国合作教育的开展离不开有力的保障措施，联邦政府制定一系列相关法律和政策为合作教育保驾护航。从法律层面来看，1976 年修订的《高等教育法》中就设立合作教育专项基金，与其他教育财政拨款区分开来。1984 年的《卡尔 D. 帕金斯职业教育法案》[39] 中也强调学校与企业雇主、公立机构和私人领域之间的合作。从政策层面看，联邦政府为参与合作教育的企业、学生

38　杨靖．美国社区学院校企合作的特点及启示：以雷恩社区学院为例 [J]. 芜湖职业技术学院学报，2016，18(01)：1-3.

39　曹述蓉，侯国凤．美国社区学院校企合作的经验及启示 [J]. 长沙民政职业技术学院学报，2019，26(03)：102-104.

以及学校都制定了相应的优惠政策。如一些州向企业提供课税免除政策，对参与合作教育的学生提供补偿资助，这些举措都从不同程度上加快了合作教育发展的步伐。

美国早在1962年就设立合作教育委员会，主管合作教育各项事宜。而在学校内部则设立合作教育部，该部门主要由两部分人员组成，一是负责合作教育课程的教师，二是协调学生、学校与企业雇主各项事宜的项目协调人。由此，从政府到学校，形成了合作教育的保障机构队伍，保证合作教育的开展。

美国高等工程教育能够走在世界发展前列并引领全球范围内的工程教育改革，与其始终将人才培养与社会需求结合是分不开的。随着第四次工业革命浪潮来袭，其工程技术人才培养目标也更加强调创新，在人才培养内容上，不再局限于工程基础教育，树立大工程观，容纳了创新创业教育与人文艺术教育，丰富了工程教育的内涵，教学方法也以项目式教学为主，注重让学生在解决问题的过程中学习新知。与此同时，政府通过制定政策和法律，设立合作教育负责机构来规范、促进合作教育的发展，为美国高等教育事业作出了重要贡献。

## 第三节 英国“BTEC”模式

### 一、英国BTEC育人模式

BTEC是一种基于职业的资格证书，旨在为学生提供继续深造或直接就业的技能。在结合学校或学院的学术学习（或进一步作为高等教育的独立课程）时，BTEC会开发一系列实用的知识和技能，帮助学习者为他们所选择的职业做好准备和进步[40]。课堂式教学结合项目工作和实际，开展与工作相关的活动有助于培养学生的行为技能，包括团队合作、创造性思维和表达能力[41]。目前，越来越多的雇主和高等教育机构比以往任何时候都更愿意选择那些具有学术知识和实践技能的BTEC资格候选人。

BTEC适用于希望同时接触理论知识和积累实践经验的学生，是英国接受度最广的系列职业学历。其中英国高等教育证书（HNC）和英国高等教育文凭（HND）

---

40 罗小平．英国资格与学分框架（QCF）下BTEC HN计算机专业教育模式解析[J].广东农工商职业技术学院学报，2014，30(04)：17-20.

41 包映蕾．英国BTEC HND人才培养模式与《悉尼协议》的契合[J].广东农工商职业技术学院学报，2018，34(01)：51-55.

适用于 18 岁以上学生，在全球范围内被大学和职业机构认可，学生完成后可选择直接就业或进入到大学第三年学习。目前，备受全球学生和企业雇主欢迎的 BTEC 课程包括信息技术、工程、商业管理、艺术与设计、酒店业、旅游业等。

## 二、英国 BTEC 育人模式的特点

### （一）培养目标特点

BTEC 课程以学生未来的职业发展为主要目标，针对一切可以有利于学生未来职业发展的方面进行优化，始终致力于提高学生们的职业技能，为学生们在未来职业中取得更大的成就打下坚实的基础，所以“发展职业能力”是 BTEC 课程模式的首要培养目标。职业能力可以分为通用能力和专业能力。首先，通用能力：它是指从事任何职业都需要具备的能力，是继续学习的基础，BTEC 模式的特点之一就是强调通用能力的培养。BTEC 在充分征求企业意见的基础上，把通用能力归纳为 7 个领域、18 项成果，每项成果都非常详细、便于操作实施。专业能力是针对具体职业岗位而言的能力，课程大纲中通常设有 4 ～ 5 项专业能力目标。

### （二）课程开发特点

在 BTEC 课程模式中，它开发课程的依据是“实际岗位和社会需要”，它的大纲以目标明确、保持先进、以学生为中心、内容综合为原则，通过专家咨询法和任务分析法两种方法，将学生们应该要学到的知识及能力依据雇主协会制定的相关标准，以各种课程标准的方式制定出课程大纲气从结构上分类，我们可以把制定的课程大纲分为教学内容、能力成果、学习指南及成果标准这四个部分，它的内容相比来说更加注重应用和实践[42]，以及灵活性。BTEC 课程大纲还有一个特点就是它是全世界统一的，任何一个国家的学生学习完 BTEC 课程以后，在其他任何一个国家都能得到认可。

编写教学文件是 BTEC 在开发课程阶段除了编写大纲之外的另一项非常重要的工作，其中以《学生手册》《教师手册》和《内审手册》这三个教学文件为重点。首先，《学生手册》是每个学生开展学习之前的基石，通过《学生手册》的学习，学生们能够最大程度上知晓所学的课业、专业概况、教学计划和评价机制等这些内容；《教师手册》是用来规范教师的，教师在开展教学过程之前，

42　张冰洁．中英职业教育课程模式比较研究：以英国 BTEC 课程模式为例［J］．职业教育研究，2015(01):15-18.

必须要按照《教师手册》中的说明帮助学生明确他们应该学习的内容；《内审手册》是内审员使用的，它详细说明了教学管理工作中的工作计划、工作流程及审查标准等。

### （三）课程内容特点

BTEC 的课程内容是动态调整的，它通常会依据职业岗位，围绕专题横向覆盖四到五个传统学科的课程内容，拥有非常强的实用性和针对性。和我国的教育课程不一样的是，BTEC 课程的教材并非一成不变的固定教材，而是可以根据学生的学习现状由教师参照所给的教学大纲自由备课并对应指导学生。BTEC 的这种不固定教材的模式，不受学科的束缚，完全按照实际工作需求，更加有利于学生发挥主观能动性。

对比于 BTEC 的这种动态课程，我国的职教课程内容则有很大的不同，因为我国通常是以学科知识为基础，而且还有很大部分是从普通教育那里借鉴来的。从十分重视学科的系统性和完整性来看，我国的职教课程内容表现的是一种“知识本位”或者说“学科本位”的思想。

### （四）课程实施特点

由于 BTEC 的教学理念是“以实践为主”和“以学生为中心”，因此它是以一种开放式的方式开展教学工作的，在上课之前，相关的课业任务和课程大纲都会被发给每个学生，这样一来学生在课程开始之前就可以对课程的任务、目的、通用能力目标、专业能力目标及能力考核标准等有详细而全面的知晓；课堂教学时间被均分为三等分，即教师讲授，课堂训练、资料查阅及社会实践活动各占三分之一，相当于有三分之二的课堂时间交给了学生，而留给老师讲授的时间只有三分之一，最大程度地让学生自由发挥，以实践为主；另外，教学活动的方式也十分丰富，有社会调查、讨论、实地观摩、实践及课业等多种活动方式，其中最具代表性的就是课业的方式了。除了这些，BTEC 课程模式对学生的方方面面均有考虑，从学习到生活，再到毕业以后的职业均有涉及，并最大程度上为学生准备学习工具。

### （五）考核评价特点

BTEC 的考核评价主要分为三种形式，分别为能力增长评价、平时表现评价及课业评价，除此之外还有诸如实验考核等辅助考核方式，其中以课业考核最为独特。

在 BTEC 课程模式中，一般每科每学期会安排三个课业，假如某个学期课程太多，可以考虑将几门课程联合在一起安排课业。设计课业需要本着“有助于学生创新、紧贴课程大纲、有助于学生的能力发展、紧跟实际工作”的原则，将目标、评分标准及工作项目等相关应用价值较高的任务组合在一起。其中的任务一般需要学生使用多个知识点甚至多个学科的知识点才可以解决，既锻炼了专业能力又锻炼了通用能力，其难度和需完成的时间通常被设计为学生的平均水平。课业的评价是采用等级评价的方式，由高到低依次为优秀、良好、通过、不合格四个级别，每个级别的评定都需要经过十分明确且严格的评价体系，任何评价方和被评价方均对评价的内容、方式十分清楚。其评价结果相比于其他方式更加公正客观，因为评价的过程并非将被评价者的成绩与其他学生进行对比，而是与具体的评价、职业能力要求标准进行对比。虽然有如此清晰的评价标准，但是课业评价体系仍然给了学生对结果进行申诉的自由，当最终评价结果与学生自己的自我评价结果不符时，学生有权在有证据的情况下对结果提出质疑、申诉，这也体现了 BTEC 课程模式“以学生为中心”的思想。

除了对评价结果具有清晰明确的认定外，BTEC 评价对学习过程也非常重视，如学生在提交课业的同时还需整理提交完成课业过程中的各种与学习成果直接相关、有效的笔记、影像等证据。

## 第四节　日本产教融合模式

### 一、日本职业教育发展“产学官”联合办学模式的背景

随着日本职业教育越来越趋向大众化、多样化，日本社会对具有独创性、实践性的技术型人才的需求越来越强烈，再加上企业经营的变化，产业技术的高度化，社会人士的再教育、生涯学习需求的增大，日本职业教育发展“产官学”联合办学模式进行新型技术人才的培养和科研技术的革新势在必行。

一方面，高校作为社会全体“知”的源泉之一，在日本教育体系中扮演着十分重要的角色。回顾日本 40 多年职业教育的发展历史，对“教育”和“研究”的问题，高校经常自发地采用博弈的方式探讨和思索——到底是优先考虑发展教育事业还是优先考虑发展研究事业，怎样协调当中的矛盾，将两者有机地结合起来这样的问题。日本高校 40 年间一直在思考这个独特的“对立”问题，直到“产学官”联合办学模式的出现，恰好能够解决这一矛盾，在联合办学中将“教育”和“研究”有机地结合在一起，既重视新型技术型人才的培养又重视

科研技术的开发，“教育”和“研究”二者兼顾，能够促进日本职业教育又快又好地向前发展。其次，为了能够充分利用日本高校的人才资源和科研成果，日本各界对高校的期望值逐年递增，所以职业教育“产学官”联合模式也是顺应时代要求的产物。除此之外，日本各高校发展“产学官”联合办学模式，还以院校的地域发展问题为基点做了思考。例如，在群马县范围内，以“如何让群马工业高等专门院校发展下去？”这个问题作为开端开始发展产学官联合办学模式。

另一方面，原本在日本产业界中，从技术研发的基础研究开始，一直到技术、产品的研发完成，整个过程一直是企业内部一手操办，与外界联合开发项目也大多采取“业界联盟战略”，即企业和企业之间开展共同研发项目的战略。企业与高校开展职业教育“产学官”联合，不仅能够参与到高校人才培养和师资队伍建设当中，更能够有效缩短企业研发创新技术的工艺研究过程，满足企业对新型技术型人才的需求，同时提高开发新技术、产品的效率，为企业带来更大的利润，所以日本企业积极参与到职业教育“产学官”联合当中。

另外，发展职业教育“产学官”联合，不仅仅只是单方面地为企业、高校谋取利益，也为政府下属的实验研究机构提供了创新技术开发的合作伙伴，政府能够将企业与高校作为技术研发和人才培养的外部委托基地，所以，政府对职业教育“产学官”联合办学模式越来越重视，给予了极大的财政支援。因此，在这样的背景之下，日本业界、高校和政府紧密联系在一起，职业教育产生并迅速发展“产学官”联合办学模式，推进了日本职业教育和社会经济的发展。

日本职业教育“产学官”联合办学模式中，“产”是指产业界、企业，“学”是指各级高校，“官”是指政府及下属研究机构。日本职业教育“产学官”联合使日本的职业教育和社会经济得以快速发展，使日本的企业、高校和政府实现“多赢”局面。

开始时，日本职业教育“产学官”联合主要表现在：企业对高校的研究室提供研究资助。一方面，对日本高校和教职员工来说，原本每年可以自由操控使用的研究经费受到限制和划分，与企业开展产学合作，可以自主支配和有效地利用企业提供的研究经费，更好更快地完成产品的研发和技术的革新。另一方面，企业可以从高校的研究部门获取最新的研究情报，同时，还更加容易接近高校的在校学生，在没有工作合同的情况下与他们进行日常的产学合作，特定研究室和特定企业之间心有灵犀的产学官联合成为了当时的主流，企业虽然参与了高校的人才培养，但是仅限于给学生提供实习岗位、培养其实践能力，虽然参与了高校的科技研发，但是仅限于提供了技术研发经费。

而今，日本职业教育“产学官”联合办学模式得到了蓬勃发展，企业为了获得所需的技术人才和科研服务，积极地与高校开展联合活动，而高校为了提高教学质量和学生就业率，加强院校的科研能力，也进一步与企业联系。在日本政府的统一指导下，高校和其他院校之间、高校和高校之间、高校和企业之间、高校和政府及其下属科研机构之间积极开展“产学官”联合办学模式，不仅重视人才培养和师资队伍建设，更加重视技术研发和成果转移，致力于为日本社会和企业培养更多优秀的创新型技术人才，将联合研究的成果通过专利申请、转让等方式作用到日本社会当中，为日本经济建设作贡献，形成了企业、学校和政府及下属科研机构互利互惠的良性循环。

## 二、日本高等专门院校“产学官”联合办学模式概述

高等专门院校是日本职业教育的重要组成部分，作为连贯中等和高等教育阶段的一种学校职业教育机构，与职业能力开发大学校、专修学校、短期大学等，共同构成日本高等职业技术教育体系。日本高等专门院校的人才培养能力是非常高的，与大学和其他类型院校的人才培养有不同的一面。高等专门院校和其他院校相比，应该突出对学生慎重、认真的职业技术教育，因为学生的素质原本就高，即使设施陈旧，但是教育出来的学生的质量却非常高。

高等专门院校发展的“产学官”联合办学模式也对日本社会产生了相当大的影响。目前，发展了10～20个相当规模的高等专门院校间的产学官联合项目。比如，有明、神户、德山各高等专门院校参与了围绕有明海再生问题开展的“产学官”联合项目。以德山工业高等专门院校为首的“微泡沫”项目，共有10所高校参与其中，这些都促进了日本高校“产学官”联合办学模式的发展。

另外，日本高等专门院校发展“产学官”联合的“技术中心”开始于20世纪90年代初，不过，当时几乎没有“地域贡献”或者“地区联合”的概念，虽然在日本全部的高等专门院校还没有普及技术中心，但是各高等专门院校都为这一事业在努力，目前已经取得了不错的成绩。高等专门院校成立的技术中心中设置了专职定员，但是，为高等专门院校技术中心配置其核心专职教师和定员，成了发展技术中心不容忽视的问题。日本高等专门院校和其他院校相比，高等专门院校专职教员的人力资源较少，对学生而言，大学学生4到5人就配备一个教员，而高专院校学生是7到8个人配备一个教员，在日本高等专门院校的技术中心中，专职教员队伍里还存在兼任的一般教员。因此，日本高等专门院校积极开展“产学官”联合办学模式，聘请企业的专门技术人员到技术中心做专职教员，扩大了技术中心专职教员的队伍，保证了院校的教学师资。

此外，地区企业也对高等专门院校技术中心的建设起了推动作用，针对高专院校专门成立了研究协会——“群岭技术恳谈协会”，会员一共 140 家企业左右，每个企业每年会提供 2 万日元会费，所以每年总共有 280 万日元可供“产学官”联合项目使用，促进日本高等专门院校“产学官”联合办学模式的快速、优质发展。

## 三、日本职业教育“产学官”联合办学的主要合作方式

日本高校以知识时代为背景，从学术研究的综合推进、技术革新的创造、社会问题的解决等观点出发，到现在为止，不仅提出了许多自然科学领域中“产学官”联合的发展策略，也在人文、社会科学领域等方面投入研究且进一步推进其发展。作为职业教育“产学官”联合核心要素的企业、高校和政府部门及下属研究机构等，根据其规模、形态、研究领域的不同，分开考虑了各种各样的“产学官”联合的进展事项，因此，日本高校“产学官”联合办学模式采取多样化的合作方式，其形态主要表现为以下 6 种类型。

①企业和高校采用共同研究、受托研究等方式开展“产学官”联合活动；

②高校学生在企业内的实习，企业和高校共同制订学校教育计划和开发教育程序等教育方面相关的活动；

③职业教育“产学官”联合采取研究成果、技术转移的方式，企业直接购买高校技术研发成果，或高校通过技术转移机构，例如 TLO（Technology Licensing Organization）向企业进行技术转移；

④在职业教育“产学官”联合中，企业和高校基于兼任制度双方相互进行技术指导和咨询活动；

⑤企业向高校进行技术讲座、提供技术基地、扩建院校内的基础设施等活动；

⑥以高校的研究成果和创新技术为基础，优化人力资源发展“产学官”联合相关的创业（如风险投资企业）。

在日本高校“产学官”联合办学模式中，这些活动彼此间都紧密联系着，比如在共同研究和受托研究时，高校学生能够得到企业实习的机会；对共同和受托研究研发出的成果进一步进行专利申请、技术转让等；专利申请、技术转让时需要咨询企业兼任的指导者；高校发起创建风险投资企业时也要利用研发成果和向企业指导者咨询；教育研究信息要在与高校的教师、企业的指导员交流沟通之后才能发布等，在这种职业教育“产学官”多样化联合方式的基础上，日本各相关机构能够更好地开展高校“产学官”联合办学的具体事宜。

## 四、日本职业教育"产学官"联合办学的价值

日本职业教育发展"产学官"联合办学模式的意义主要表现在以下几个方面。

第一，企业可以通过与高校开展"产学官"联合，把高校作为企业的外部人才培养好技术研发基地，利用高校的人力资源和技术、师资力量，弥补自身技术研发的不足之处，共同进行对新产品的研发，提高产品的研发效率，降低研究成本，满足其人才需求的同时，获取更大的经济利润。

第二，高校中的教师和研究人员，企业的研究者可以在"产学官"联合中接触到与自己的认识、目的和价值观不同的思想，能够通过创新技术的开发，在自己原有的理论基础上产生具有独创性的相关概念。

第三，高校通过与企业开展"产学官"联合，在全面了解社会需求并在其刺激之下，高校等教育科研机构能够产生新的研究想法，从而制定新的研究目标。

第四，高校的学生通过参与"产学官"联合技术研发项目，能够进一步提升自己的理论知识和实践能力，丰富专业知识，提高职业技能，重建自己的知识构造，增强自身的就业竞争力。

第五，高校产生的"研究成果民间经营"的想法在"产学官"联合中得以实现，并且得到有效的实施和发展，能够实现研究开发与社会的进一步衔接，让研究成果产生较高的市场价值。

第六，政府可以更好地对社会经济进行宏观调控，促使职业教育和产业界建立起长久、良好的联盟关系，给职业教育"产学官"联合发展提供一个健康的外部环境，同时也能对职业教育和企业的发展进行有效的监管，共同致力于日本社会经济的建设。

对高校教师和研究人员来说开展"产学官"联合的主要意义如下。

第一，对日本的经济、社会面临的阶段性或长期性的课题，教师和研究人员能够通过进行基础研究，对课题有比较深刻的认识体会，并且提出反馈意见和建议，对日本社会经济的发展作出自己的贡献。

第二，在参与"产学官"联合项目的过程中，教师和研究人员不仅可以追求专业的深度，扩展自己的视野，同时也能从中学习到新的知识技能。

第三，教师和研究人员可以在参与研究的同时，体验商业中最尖端、最激烈的技术开发竞争，感受研究过程的刺激，对自己起到一定的激励作用。

第四，在高校中，研究学员（特别是研究生、博士后期的学者）能够参加产学官联合允许范围内的项目教育课程的开发、产品的研制等，进一步提高了自身的研究能力。

日本高校开展“产学官”联合办学模式，不仅为教师、研究人员和学生提供了广阔视野的教育的机会，也培养了他们完成项目的独立性和对学问深层次探究的思考性，一定程度上达到了人才培养的目的，对院校教职人员进行了再培训，这些在职业教育上都是有必要考虑的。所以，职业教育“产学官”联合是技术研究成果为社会作贡献的一种有益形态，培养技术创新型人才、重建师资队伍的有效方式，也渐渐成为日本职业教育的责任和义务。

## 第五节　国外产教融合发展实践的经验借鉴

### 一、国外产教融合发展实践

#### （一）德国双元制育人模式实践

1. 落实好企业与学生双方之间的目的性

借鉴德国“双元制”教育体系，可以发现我国的职业教育必须不断落实好企业与学生双方之间的目的性，企业既要明确自己的人才培养目标，同时还需要投入更多的精力去培养学生，要充分认识到自己是“双元制”其中的一个主导单位，不能觉得教育的事教给学校，企业只管招收到高素养人才。而学生进入企业之后也需要不断强化自我的认知，对将来踏入社会需要从事的岗位要进行精准定位，双方之间的目的性应该逐步加强。

2. 必须加强企业的广泛参与

各级高职院校应该大力加强自身与企业之间的合作与交流，用心落实好产教融合工作，确保学生在参与实践的过程中可以积累到专业对口且契合企业生产经营需求的能力，同时企业还需要根据自己的人才需求来提供针对性的培训内容，决不能抱着“眉毛胡子一把抓”的心态来对待工作。考虑到我国目前的法律体系并不适合强制约束企业来承担高校的教育义务，那么在这种情况下必须要积极落实学生的职业责任感，要让他们在进入企业的时候加倍努力，如果条件允许可以导入“订单式”培养策略，让学生学在企业，毕业后亦服务于企业。

3. 打造理论与实践一体化的教学体系

首先，有关部门应该进一步加强法律法规方面的建设工作，要将企业、产业、学校、学生等各个方面的权责义务落实好，让参与职业教育体系之中的每一个单位都能够有法可依、有章可循，而不是完全由一方来付出。在进行工作落实之前，领导干部应该成立对应的职业教育专项小组，到基层市场深入调研，之后再制定一套全国统一化的人才培养标准以及结业考核内容，各种职业资格证书必须确保其严谨性与科学性；其次，要以德国“双元制”为参考标准，将职业教育体系准入人员的门槛适当提高，落实好各个环节的考核优化工作，对于与企业开展合作的执教人员要尤为看重。同时还要给高职院校的学生制定对应的《实践教学协议》与《职业培训合同》，强化学生与企业之间共同的责任意识，约束共同执行条款。最后，对于施行的各类专业人才培训方案以及课程教学内容等，学校与企业之间应该加强联系，要根据企业紧缺的工作岗位来开展培训，确保所有教育工作都能够行之有效。

4. 施行实践导向型教学

根据德国“双元制”精髓部分，高职职业教育核心应该坚持以实践为导向，充分调动学生的主观能动性，同时还需要融合企业内部各项生产岗位的工作内容与业务流程，将后续的职业教育专业课程细化为各个对口的工作模块，落实“理论与实践一体化”教育模式，这样才能让学生与企业的生产经营完成对接。与此同时，还需要在学生层面下功夫，必须逐步培养他们的职业素养，任何教育工作都应该以规范职业行为为前提，确保学生用心学习，在学习中积累工作经验，在工作中学会融合理论知识，充分调动学生的积极性与探索欲。如果条件允许，高职院校还应该让企业内部的经营主管到学校来进行公开课讲座，同时帮助教师来制定贴合生产实际的理论知识体系。只有多方面完成融合，各个单位逐渐统一，才能确保学生在踏入工作岗位之后能够具备扎实的理论知识水平与实践技能。

### （二）美国产教融合育人实践

1. 合作教育指导教师责任明确

合作教育在管理上有两个角色非常重要：一个是学校专业实践部的专业指导教师，另一个则是企业安排的校外指导教师，二者责任的明确性为学生合作教育项目的顺利实施提供了保障。

（1）校内指导教师

从学生参与项目开始，合作教育管理部门就会安排一个专业的指导教师全面负责学生合作教育项目的相关事宜，按规定对合作教育项目负责。学生在专业指导教师的指导下了解职场知识、学习职场礼仪和撰写简历，专业指导教师则根据雇主匹配的情况来安排学生面试。学生进入实践岗位后，专业指导教师会随访学生所在企业，了解学生的实践情况。学生在每一个项目完成之后与教师见面会谈，以促使他们对已完成工作的反思以及做好下一步的工作计划。专业指导教师在学校和企业的联系方面扮演着非常重要的角色，作为一个“显示器”来反馈合作教育的落实概况。

（2）校外指导教师

参与合作教育的企业必须为参与合作教育的学生提供企业导师。校外导师都是由在岗位上有丰富资历的职工担任，全权负责学生在企业实习期间的相关事宜。校外导师对学生的实习过程进行监督，以保障实习成效，解答学生在实习过程中不懂的专业问题，与校内导师保持沟通，促进合作教育的落实。

2. 企业的参与度和认同度较高

企业作为合作教育的参与主体，在合作教育项目的开展中起着至关重要的作用。一方面，企业为合作教育学生提供工作岗位，供学生参与实践。以辛辛那提大学为例，合作教育在开始之初仅有 12 家企业抱着试一试的心态参与，随着合作教育的发展，参与辛辛那提大学合作教育实践项目的企业超过 1500 家，为学生提供了 5000 多个实践岗位。另一方面，企业要在合作教育实践阶段为学生提供一个企业导师来对合作教育学生在企业的实践负责。另外，企业还要参与学生的评价反馈工作，在一个阶段的实践结束后，根据学生在实践期间的具体情况提交给学校一份报告，全面而详细地介绍学生的实践情况，该报告将是学校评价学生实践的重要依据。在合作教育项目中，理论和实践都是合作教育的重要环节，雇主的参与和认同对于合作教育非常关键。

3. 实行企业和学生互选式聘任制

企业和学生互选式的聘任制度是美国合作教育的一大特色。合作教育学生在入学第一年经过理论知识的学习后，第二年将交替进入企业实践。学生在参与实践前的准备阶段，须向专业指导教师汇报自己的就业意向，专业实践部门对学生进行相关的入职培训。学生在专业实践部指定网站上发布简历，明确求职意向。雇主在网站上创建账户，并根据需要筛选自己心仪的学生，学生再进行确认或者取消。如果匹配不成功，将进行下一轮的筛选和匹配；当确认匹配成功后，学生参加面试，如果双方达成一致，意味着学生和企业正式确立契约关系。在合作教育实践项目中，企业和学生互选式聘任制度给了企业和学生较大的空间，企业可以在这一过程中找到想要的雇员，学生也可以找到适合自己的岗位，实现双赢。

4. 学生身份确定，参与有偿

在美国合作教育实践项目中，参与学生是明确的雇员身份，这为控制安全风险提供了保障。参与实践获得相应的工资，也为学生提供了经济上的保障。

（1）学生雇员身份的确定性

在美国，学生以全职人员的身份参与合作教育实践项目。学生在校学习，为学生身份；在企业实践，则为雇员身份。NCCE 明确规定，参与合作教育的学校必须与雇主在多个方面达成一致，比如学生的在校学生身份和在岗雇员身份等。ACCE 也提出，合作教育应该具备 4 个方面的属性：合作教育制度化、教师的参与、学生的参与和雇主的参与。在学校、雇主和学生关系上，规定学生参与合作教育实践项目期间为企业全职人员，享受和其他职工一样的福利和待遇，这意味着学生要为企业作出相应的贡献。学生要尽快将理论知识用于实践，融入到技术项目中，承担相应的任务，而不是只从事简单的工作。

（2）合作教育的有偿性

美国合作教育实践项目具有有偿性，是其与一般实习实践的区别之一。合作教育学生以员工的身份参与企业工作，获得企业给予的报酬。联邦政府规定美国最低工资为 5.15 美元（时薪，下同），一些州政府专门针对 20 岁以下的最低工资（培训工资）作了相应的规定：在最初的 90 天里不得低于 4.25 美元，90 天以后按正常最低工资计算。以美国辛辛那提大学合作教育实践项目参与学生的工资为例，该校合作教育学生的某些专业平均工资达 20.36 美元，是政府规定最低工资的 4 倍。即使是专业平均最低工资也达到 10.5 美元，接近最低规定工资的两倍。合作教育雇主所提供的岗位不仅在专业实践上对学生的帮助非常大，学生的薪水也相当可观。

5. 企业参与他评反馈

企业参与的他评反馈机制是美国合作教育实践项目成功的关键性因素之一。在传统的合作教育中，学校课程的改进和调整主要依据校内导师的反馈。因此，第一批前往企业实践的学生没有办法参与技术性工作，一般只能参与一些简单的常规工作，因为按照传统的培养方案，这个时间点他们还没有学习关于技术的知识。校内导师作为最主要的反馈者，无法及时地作出反应，即使反映给学校，因为时间仓促，课程的调整也显得被动和滞后。2004年，在美国教育部中学后教育基金（FIPSE）的支持下，辛辛那提大学率先进行改革，创建了“雇主反馈系统”。雇主反馈系统是一个企业参与的他评反馈机制，基于雇主提供的学生在合作教育中的工作表现来评判合作教育的成效。这意味着企业和学校可以直接对话，提出直接的需求和愿望；学校根据企业提供的反馈信息，对学生和整个合作教育项目进行评价，促进合作教育课程的调整。学校建立在线数据库，允许雇主直接输入评估数据，这数据的分析结果结合学生自评和教师评价来促进合作教育的开展。

### （三）英国BTEC模式育人实践

BTEC教学模式将课程的开发、设计以及具体评估方法进行了有效的整合，是当今最为先进的一类教学模式。BTEC在具体的教学过程中，坚持以学生为核心的理念，注重学生学习的整个过程，并通过采用多种教学模式，充分发挥当前已有教学资源的效用，形成了多元化的教学形式，为学生应用能力的提升奠定了厚实基础。BTEC课程在教学活动中并不会指定具体的教材，只会给学生推荐一些建议阅读的书籍，并推送一些学习网站给学生，教师依托多样化的活动，对学生进行积极有效的引导，并在学习的过程中不断探索新的知识，提升自主学习的积极性。

#### 1. 课程目标设置以突出通用能力培养为依据

通用能力主要是对学生的学习能力及学识的教育水平进行评估。BTEC教学模式已经成功地应用在英国中职教育中，BTEC课程模式的主要思想体系是培养学生的通用能力并能对学习能力进行评估，教学实践的核心主要是针对学生是否具备了社会生产所需要的能力，根据社会实践的调查，通用能力是目前政府、教育部门及生产单位比较注重的学生素质要求。纵览当前社会经济市场的发展及构建，创新型产品和个性化服务已经占据市场的一大部分，市场人才就需要具备通用能力来适应社会市场的竞争。BTEC课程对通用能力的定义是培养和发展学生的职业能力，职业能力即为职业素养。BTEC课程对学生的通用能力的考核评价也有很深刻的理解。

#### 2. 课程结构设置以秉承核心技能为基础

BTEC课程教学主要是模块化的课程教学结构，模块化的课程结构设计来源于当前社会生产模块化，科技更新模块化随着社会实践的需要更新课程教学，模块化内容及教学结构的变化，这不仅提高了教学水平，促进了教学与实践的统一与进步，也是高科技快速发展的要求，在多方面增强了教学内容的实用性，而且能提高学生的通用能力与社会实践性。

BTEC 课程模式制定不同专业的课程学习，每个专业的相关课程为一个学习单元。不同的学习单元可以自由组合成不同的模块，学校根据社会实践的要求组合多种的教学模块，组合成一个工种或社会工作要求的技能模式（岗位的工作规范），各个单元的内容主要是相关专业技能的理论知识，围绕专业知识横向展开，内容较为丰富且理论联系实际，具有综合性、实践性的特点。通过学习某个专题单元的学习可以获得相关专业的 BTEC 证书课程，学生在学习这门专业课程时，需要得到相关实践生产实习技能的认可方可毕业，即在修完该门课程后，学生具备了此专业的综合知识，并能解决相关实际问题。

3. 课程大纲以横向延展为创新

中职教育的课程教学工作的核心任务是课程开发。BTEC 教学课程的开发以职业岗位要求为课程开发的依据和逻辑起点，并聘用专业的课程开发人员。三分之一人员是中职教育的课程专家，还包括社会建设中聘用中职学生的企事业单位的相关人员，所以 BTEC 课程中职教学大纲满足用人企业需要，符合社会生产的需要，具有较高的实用性，并充分发挥了中职教育的作用和体现了职业教育的特征。

4. 教学形式以推崇实践性课业为目的

BTEC 课程教学形式主要是实践性课业，其设计主要是以社会企事业单位生产实践职业需求为基础，教师根据教学大纲制定教学目标，并设计出与企业生产相关的专业课程任务书，内容主要是企业生产需要解决的问题及发展需求，还有学生在完成课程时需要取得的学习成果。一门 BTEC 课程设计 2 ～ 3 个专业相关课业，学生成果需要评定所有课业成绩，进行综合绩效考核得出的最终的评价结果

5. 学习评价方式以注重综合职业能力为价值取向

BTEC 课程的教学评估考核与传统的区别很大，主要以能力为考核本位，尤其是注重通用能力及职业规划的价值取向。BTEC 课程的主要评估优势是：评估标准有明确的指向，规定了课程目标须达成的能力标准；评估一直与实际的工作的需求保持一致性；评估不仅是最后的课业任务考核，还渗透在平时的课业学习的过程中；评估的对象是学生，而且学生还参与评估的过程，具有透明性和公正性。BTEC 教学评价包含两层内容：一是学习过程能力的评价和课业完成的综合能力的全面评价，主要目的是针对学生的职业教学课程的学习成绩评定，

提高学生的职业技能与综合素质，为社会培养出专业的技能人员。

### （四）日本产教融合育人实践

日本作为亚洲高新技术产业最为发达的国家，其职业教育的开展是亚洲最早的。日本的职业教育产教融合人才培养体系最早始于明治维新时代，随着工业革命的有力开展，日本需要大量的应用技术型人才，在这一时期，日本通过对当时的以大学理论教育为核心、以日本帝国大学为代表的教育体系进行改革，在大学中专门设立了基础科学技术与产业企业相互合作的产学合作部，即日本的产学官合作模式，随着 20 世纪中期日本战后经济的快速崛起，日本的产学官合作模式得到了快速的发展与推进。日本于 20 世纪 70 年代末期提出了集中精力建设高新技术产业的战略构想，日本的产学官合作模式得到进一步改良，产教融合人才培养的职业教育模式上升为了国家教育战略层面，并于 1983 年建立了产学共同研究制度，并建立产学“联络处”机构，用以专门负责日本的产教融合人才培养的相关事务，联络处部门人员则主要由开展产教融合、产学合作的相关企业代表组成。1990 年以来，随着日本的产业向上游的整体迁移，日本先后出台了《科学技术基本计划》《科学技术创新立国方针》等实施意见，进一步推动了产学官合作模式的发展，着重提出职业教育要紧密联系科学技术的研究，注重科技成果的实际应用转化，明确了产教融合的职业教育体系与高等教育体系拥有同等的地位。在长期不断的投入和努力下，其产教融合所培养的应用型人才质量不断提高，也是助推日本高新技术产业发展的重要基础。

具体来看，一方面，日本由于受到自身地理位置以及具体国情的制约，其矿产、工业原料等资源十分匮乏，其决定了以高新技术产业、高附加值的新型工业产品等创新科技产物是日本可持续发展的必然驱动力，也是提升日本国际竞争力的唯一途径。因此，新型技术企业、科技创新企业等成了日本产业发展的核心驱动力。与其他发达国家由相关政府部门主导的产教融合职业教育体系所不同的是，日本的产教融合人才培养体系主要由政府制定战略目标，由企业主导开展进行，由现实企业建立并开展专门的职业技术学校来精准适配企业自身的技术与产业发展需求。而日本的产业工人终身工作制也正是在这种体系下建立的，诸如日本丰田工业集团，本田技研、三菱重工业株式会社等高新技术企业都拥有自身的直属职业技术学校，在企业成立的附属科研机构的技术支持下，为自身培养专业的应用技能型人才，实现了精准的人才供给与需求适配。可以说，日本的行业企业是日本产学官合作模式的核心主导，也是产教融合人才培养的发起者、推动者与人才的吸纳者。

另一方面，日本的相关政府部门作为产教融合、产学官合作模式的引导方，其主要通过制定政策性法规和为开展产教融合人才培养的企业提供优惠政策来推动产教融合、产学合作模式的稳定发展。通过制定并出台一系列政策，充分鼓励并调动企业应用新技术、开发新产品的主动性，使大学、研究机构和企业能够更加紧密、自由地进行技术交流和应用的落实。日本对于企业所开展的技术试验进行了免征或延期征收税费，对开展产教融合人才培养的企业提供税费减免与低息贷款，并建立专项基金用以对产教融合的开展进行支持，显著降低了相关技术企业开展产教融合人才培养的成本与风险，大力推动了日本产教融合职业教育体系的深入发展。

日本的产教融合人才培养体系的发展对于我国的产教融合职业教育体系有着重要的借鉴意义。在日本的产教融合、产学合作和校企合作过程中，相关政府部门并没有作为主导方，而是选择将权力更多地赋予与相关产业、行业更加贴近的日本企业，由各个企业代表直接入驻管理机构，结合产业和行业企业特点进行制定职业资格评定与录用标准。日本政府充分赋予了企业自主培养与选择应用型人才培养、人才录用标准的权利，赋予了企业对于不符合自身企业行业特征和实际需求的一票否决权，将产教融合人才培养真正的与产业、行业企业的自身实际需求联系到一起，在充分地保障了企业高质量应用技术型人才需求的同时，显著提升了日本企业持续深入推进产教融合人才培养的积极性与主动性，为校企业合作与产教融合提供了制度基础保障。

## 二、国外产教融合育人实践经验总结

德国、美国、英国与日本都较早地重视职业教育体系的建设，并将产教融合作为人才培养的重要途径。但是这些国家职业教育产教融合人才培养体系存在着不同之处，这些国家分别根据各自国内的产业发展特点和行业企业情况进行了调整。我国产教融合人才培养的模式并不能直接照搬其他国家的经验，应当吸收有利经验后，对自身的产教融合人才培养模式进行调整。美国的职业教育注重政府、企业与高校的三方平等共建，通过联合制定适应未来产业发展的人才培养战略目标来指导产教融合的实施，培养出综合能力强、适应能力强的应用型人才，注重将高校、科研机构与职业教育之间紧密联系，注重不同组织的协调与沟通，实现纵向由理论到实践，横向学科领域交叉培养的产教融合人才培养体系，但我国职业教育体系建设的深度与完整度落后于美国，无法直接采取这种深层次学科交叉的产教融合人才培养模式，需要根据我国职业教育的发展水平来进行逐步的融合。日本的职业教育则更符合其国内的产业形态与企业生产实情况，提出以政府引导，企业主导，企业自建科研体系、职业培训体系与人才培养与评价标准，产业、行业统筹制定产教融合人才培养目标的产教融合人才培养体系，通过与日本企业终身雇佣制的相得益彰，极大地推动了日本的产业发展和人才的适配，但日本这种以企业为主导的产教融合人才培养模式也并不完全适合于我国的产业人才培养实践，我国企业独立培养人才的经验和能力还有待提升，可以针对一些高新技术水平的企业开展一定的试点工作摸索经验。德国的职业教育中的主导方是联邦政府，通过推行全国企业的职业教育基金政策，对企业参与产教融合人才培养的情况进行奖惩，并且注重对于产业和行业企业的未来发展潜力进行评估并提供政策倾斜。

### （一）重视育人环境建设

产教融合育人模式的成功与完善的育人环境有着紧密联系。完整的管理制度、经费构成与运行管理机制缺一不可。关于教育法制与育人运行机制，无论是德国双元制强调的双元教学、校企共育，还是美国的合作教育的“产中学，学中产”，都对教育的主体、管理、运行机制做了明确的规定，对经费的投入以及校企学的责任与义务做了明文规定[43]。四国的职业教育发展环境建设来看，存在以下几方面特征。

1. 完善法律法规体系

法律法规建设是保证育人顺利进行的基石，这一点毋庸置疑，各国在产教融合育人发展中都意识到这一点，如德国为保障产教融合育人模式的顺利进行，相继颁布了多部法令，美国亦是如此，为保障“合作教育”的顺利进行，也颁布了多项职业教育法令[44]，明确了学校、企业、政府在产教融合发展中的定位，同时规范了各方的责任与义务。

2. 完善经费制度

德美两国通过校企合作，为参与人才联合培养的企业提供税收优惠、财政补贴和特殊财政支持。TAFE 学院的实验、培训基地和设备建设上投入了大量的资金。组织并完成了职业教育课程计划和培训认证证书。同时，通过法律的形式，规定企业每年必须花费总工资的 2% 用于员工培训，这是 TAFE 学院的发展经验，皆为产教融合发展奠定了良好的物质基础。

---

43　罗春婵，唐可．产教融合、协同育人的应用型人才培养模式创新研究［J］．创新创业理论研究与实践，2019，2(21)：128-129.

44　郑鑫，张晓洁，唐文翰，等．“产教融合协同育人”背景下应用型人才培养模式探索与实践［J］．科技视界，2020(20)：96-97.

### （二）重视育人组织建设

完善产教融合与校企一体化合作育人的组织建设，首先应完善考试招生制度。推进各地方高考综合改革，完善高职院校分类考试制度，推行“文化素质+职业技能”考试评价方式，继续探索中等职业学校对口升入高等职业学校和应用技术本科院校的招生模式。开展中等职业教育与应用技术本科院校开展“3+4”人才培养模式，打通职业教育人才培养“立交桥”。大力推行订单式培养培训，支持引导企业参与职业学校招生、教学等计划的研究制订。推进以职业需求为导向的硕士专业学位研究生发展机制，完善专业学位体系。探索硕士专业学位研究生教育与高等职业教育相衔接的办法，推动专业学位教育与职业资格认定衔接。

同时，推进产教协同育人和学校治理结构改革。支持职业学校在技术性、实践性较强的专业全面推行现代学徒制和企业新型学徒制，推动职业学校招生与企业招工相衔接，主动适应社会发展和产业转型升级的需要，强化高层次应用型创新人才培养，提高应用性、技术技能型和复合型人才培养比重。推进技术技能人才双元培育改革试点工作，发挥校企双主体育人作用[45]。加快推动试点院校转型发展，引导试点高等学校从治理结构、专业体系、课程、教学、师资结构等方面进行系统性改革。推动学校优化内部治理，充分体现一线教学科研机构自主权，积极发展跨学科、跨专业教学和科研组织。建立健全职业学校和高等学校理事会制度，鼓励引入行业企业、科研院所、社会组织等多方参与。

### （三）重视育人合作发展格局

1. 构建产业深度融合发展格局

（1）统筹产教融合发展规划

从政府层面来看，应将产教融合纳入经济社会发展规划，以及区域发展、产业发展、城市建设和重大生产力布局规划，结合全面实施创新驱动发展、人才强区、乡村振兴、区域协调发展、军民融合发展等重大战略，同步规划产教融合政策措施、支持方式、实现途径和重大项目[46]。支持地方产业基础较好的城市重点打造职业教育产教融合试点城市，支持地方工业基地产业转型技术技能人才双元培育改革试点，统筹优化职业教育布局，引导职业教育资源进一步向

---

45　张璇．基于行业标准的产教融合育人机制破冰：以艺术设计职业教育为例［J］. 现代职业教育，2019(33):1-3.

46　崔旺盛．推进职业教育产教融合创新对策研究［J］. 特区实践与理论，2020(02):118-123.

优势特色产业和人口聚居区集中。

（2）促进高等教育与创新发展相融合

构建高等学校分类发展政策体系，努力建设一批国内高水平综合型和应用型大学。完善“双一流”建设推进机制，支持地方高校向一流大学迈进，围绕国家重大科技需求，打造一批协同创新中心，支持高等学校建设高水平的重点实验室、工程技术研究中心等创新创业平台。持续推动部分高等学校转型发展，整合各类资源，积极参与以企业为主体的产业技术创新联盟，与行业骨干企业、中小微创新创业企业建立紧密协同的创新生态系统，增强人才集聚和产业牵引升级能力。加快高等学校创新实践基地建设，每所高等学校至少有1个创业空间。

（3）完善产教融合学科专业体系

健全学科专业随产业发展的预警和动态调整机制，建立紧密对接产业链、创新链和战略性新兴产业发展的学科专业体系。加快发展促进地方高校的产业转型的新能源、新型化工、冶金建材、绿色农畜产品加工、生物医药、装备制造、电子信息等学科专业。建立人才需求预测预警机制，持续发布本专科教育和研究生教育质量年度报告和高等学校毕业生就业质量年度报告，建立完善职业教育质量年度报告制度。完善专业准入与退出制度，把市场供求比例、就业质量作为学校设置调整学科专业、引导高等学校围绕产业转型升级、技术创新和经济社会发展需要设置专业、确定培养规模的重要依据，形成重点产业均有骨干学科专业支撑的人才培养格局。

2. 强化企业在的重要主体作用

（1）拓宽企业参与途径

支持企业以资本、技术、设备、管理等要素，通过购买服务、委托管理等方式参与举办职业教育、高等教育并享有相应权利。支持引导企业以多种方式参与学校专业规划、课程设置、教材开发、实习实训，推行面向企业真实生产环境、任务驱动、工学结合的课程教学模式和人才培养模式，依托或联合职业学校、高等学校设立产业学院和创新基地、技术工艺和产品开发中心、行业技能或企业实训基地、技能大师工作室，将企业岗位要求融入人才培养环节。鼓励地方骨干企业与职业学校通过订单等多种形式开展紧缺工种技能人才定向培养合作，推动骨干企业联合职业学校、高等学校、科研院所共同组建产教融合集团，带动中小企业参与，推进实体化运作。职业学校新设专业原则上应有相关行业企业参与。鼓励企业所在地对定向培养费用给予补助。

（2）开展生产性实习实训

推进实习实训规范化，健全实习实训制度，校企共同制订实习实训计划，合理安排实习实训内容和岗位，保障学生享有获得合理报酬等合法权益。鼓励以引企驻校、引校进企、校企一体等方式，吸引企业与学校共建共享生产性实训基地；支持各盟市依托学校建设行业或区域性实训基地，带动中小微企业参与校企合作，鼓励企业更多接收学生实习实训。

（3）推进协同创新和成果转化

支持企业、学校、科研院所共建重点实验室、工程技术研究中心、工程研究中心、工程实验室等创新平台，推动产业链、创新链深度融合。加快发展技术市场，建设全区技术交易网络平台。充分发挥地方特色经济行业的撬动作用，吸引社会资本支持高等学校科研成果产业化。

（4）创新企业职工在岗教育培训服务供给

落实企业职工培训制度，确保教育培训经费60%以上用于一线职工，保证职工在一定周期内全部参加培训学习。鼓励企业购买培训服务、开展职工技能竞赛，对参加培训提升技能等级的职工予以奖励或补贴，将不按规定提取使用教育培训经费并拒不改正的行为记入企业信用记录。推动高等学校和职业学校进一步开放办学，广泛开展技能培训服务。鼓励职业学校为进城定居农民工、现代产业工人和退役军人等重点人群提供学历和非学历继续教育。支持有条件的社会组织整合校企资源，开发立体化、可选择的产业技术课程和职业培训包，大力支持“互联网 + 教育培训”发展，允许和鼓励高等学校向行业企业和社会培训机构购买创新创业、前沿技术课程和教学服务。推动探索高等学校和行业企业课程学分转换互认。

### （四）重视育人内涵建设

对比发达国家产教融合与校企合作一体化课程育人体系内容，现阶段我国应用型人才培养正值多元探索的井喷时期。一部分高校逐渐摸索出专业设置的道路，但整体发展趋势不容乐观，主要有两个层面的因素：一是上层建筑，国家没有建立具有权威性的国家职业能力评定机构；二是专业课程设置组织成员单一，缺少行业一线专家，致使课程设置脱离职业市场参考。

### （五）重视育人的师资结构建设

加强产教融合师资队伍建设，政府应支持企业技术和管理人才到学校任教，鼓励职业学校和高等学校设立流动岗位、特聘岗位吸引企业技术人员从事教学科研工作。允许和鼓励职业学校和高等学校根据实际需求制订用人计划，面向企业引进一定数量的高层次专业人员、能工巧匠。完善符合职业教育和应用型高等学校特点的教师资格标准和专业技术职务（职称）评聘办法。允许职业学校和高等学校依法依规自主聘请兼职教师和确定兼职报酬。推动职业学校、应用型本科高等学校与大中型企业合作建设“双师型”教师培养培训基地，到2020年，构建多个“双师”模板基地。完善职业学校和高等学校教师实践假期制度，支持在职教师定期到企业实践锻炼。

### （六）重视育人的平台建设

我国产教融合校企一体化合作育人平台建设仍处于探索阶段。就产教融合模式下的育人平台建设探索已取得不小成果。近期，数据中国“百校工程”产教融合创新项目是教育部学校规划建设发展中心开展的涵盖先进技术、应用文科、国际合作等不同领域的系列产教融合项目之一。

通过产教融合赋能于学校的核心战略，向“大平台 +”战略演化升级，为学校办学体制和教育管理赋能。步入“大平台 +”战略的 2.0 时代。在实现了百校平台的功能搭建与高校的接入的基础上，构建新型的创新应用型人才培养路径，建立跨学校跨专业协同应用的新策略，打造大数据 + 人工智能融合平台，不断接入新领域的战略合作伙伴，拓展国际化发展空间，充分发挥互联平台的效能，培育同时面向教育与产业的创新应用生态。

1. 实现智慧学习“工场”

面向教育和产业的创新应用生态。从人才培养、行业应用、科研创新、国际化战略等方面介绍了步入“大平台 +”战略的“百校工程”2.0 的产教融合模式新升级。例如，国内的“瑞翼工坊”是由瑞翼教育发起，与合作院校联合开展的创新教育形态。在教学实施上，充分利用自身拥有的大数据、人工智能创新应用生态系统的丰富项目资源与教育大数据技术，由企业工程师与院校教师主导，组合不同年级、不同水平的学生，以灵活的共学、共研形式开展。“瑞翼工坊”建立的四项机制，分别是：①情景嵌入。从产业工程师岗位的能力要求出发，为大数据、人工智能专业方向设计完整的专业课程体系与课程资源，以项目实践带动专业教学，使校内教育无论是在实体环境还是学习心态上，都能够以身处真实工程场景的方式展开。②垂直整合。学生从大一到大四，循序渐进地参与项目组，以研促学，从而以行业应用实践带动教学过程，使教学始终在与行业项目的关联中发生。③合作学习。全力打造真实的企业级人才成长环境，将学生、老师、工程师和专家混编，参与到真实或仿真立项的项目中去，深化混编团队的科研能力、协作水平，形成具备行业应用能力的服务团队。④竞争合作。引入竞争合作机制，学生组成协作团队，攻关竞赛性的创新应用项目。针对应用项目明确任务分工，由高年级学生带领低年级学生开展互助学习。

2. 运用新技术教学

依托大数据生态系统，通过 Infinity 教学、研发、管理一体化平台，支撑应用研发与教学全过程，实现平台教学与实践教学提供多元学习路径，随时随地的互联网接入平台，线上与线下互动教学。依托“大数据应用创新中心”构建的多元学习环境，避免课堂中心化的学习环境设计，职素培养课程与项目应用教学课程同时展开，以行业应用实践带动教学过程，使教学始终在与行业项目的关联中发生。依托百校互联的“大数据应用协同创新网络”，实时录入学生学习的数据信息，掌握教学过程中学生的学习痕迹与状态，开展教育大数据教学，实现教学的智慧管理。

“百校工程”开展的与农校通合作的基于大数据场景的农校通集成应用项目，是在国家的精准扶贫战略和乡村振兴战略的背景下，启动的一个跨地域的农校衔接工程，打造从生产基地到餐厅的绿色食品供应链，包含环境测评、基地生产，食材预加工、冷链物流，餐厅加工及就餐等多个子系统，涉及多学科的大数据、人工智能行业应用工程。

根据各个院校的学科特点、技术优势以及地理位置等特征，农校通项目的各个子系统可以在不同的院校开展，智慧农业、订单管理、智慧物流等不同的应用可以由各个院校合作开发，数据系统的备份、容灾可以由多个院校协同完成。

3. 产教融合国际化战略

“百校工程”项目与发展中国家工程技术科学院（简称“AETDEW”），共同发起“数字一带一路双百计划”。该计划将在中国“一带一路”框架下，推动中国高校与一带一路沿线国家高校的教育合作与文化交流，建立 AETDEW 的中国培训中心，与其他国家的培训中心一起形成全球的培训网络，服务于一带一路国家的工程技术领域，特别是通信、云计算和大数据等核心技术领域的人才培养。同时加快了国际化战略进程。“数字一带一路双百计划”2018 年 7 月启动至今，国际申报院校已收到泰国、马来西亚、印尼等国家近 30 所高校的申请，并与联合国教科文组织（UNESCO）、亚太工程组织联合会（FEIAP）等近 20 个国际机构展开合作，项目顾问组成员已有近 20 名国际知名专家。

综上所述，美国、日本与德国都十分重视开展产教融合人才培养，都通过一定的税收和财政资金支持来推动产教融合人才培养体系的深入发展。但是各国都通过结合自身国内的产业发展特点与战略目标，根据国内企业的自身情况制定了相应的产教融合人才培养模式。我国正处于产业升级转型的关键时期，高质量的应用技能型人才缺口巨大，需求迫切，在推进产教融合人才培养的过程中，应当积极借鉴发达国家的有效经验，注重区域产业发展趋势评估，根据区域企业集群的特点，在政府的主导和引导下，强化资金与政策保障，逐步建立符合我国产业国情，适合我国职业教育发展规律，满足企业需求的产教融合人才培养体系。

## 三、国内外产教融合与校企一体化典型办学模式比较分析

### （一）国外产教融合与校企一体化典型办学模式的特点

国外产教融合、校企合作一体化的典型办学模式有：德国的“双元制”模式、美国的“合作教育”模式、英国的“工读交替”模式、日本的“产学合作”模式及澳大利亚的TAFE（Technical and Future Education）模式，这些模式的共性特点如下。

1. 政府在办学模式中发挥主导作用

主要表现在三个方面：第一，法制化保障。英国有明确的立法确定企业在职业教育中的主体地位；日本颁布的《产业振兴法》等一系列法律法规促使校企合作制度化，保证了产教融合和校企合作的实施与运行；澳大利亚政府也出台了相应的激励企业参与职业教育的政策措施。第二，财政上支持。德国对参与校企合作的企业给予财政补贴和优惠政策，明确规定企业接受学生实习的可以免除部分国税；美国、英国政府实行激励机制，通过立法拨款支持校企合作，推动产教融合积极发展。第三，设立专门管理机构监督管理。德国政府设立了“产业合作委员会”，澳大利亚政府成立了专门的管理机构国家培训局，英国也成立了“培训和企业协会”。这些专门的管理机构负责监控管理校企合作的运行及协调学校和企业间的关系。

2. 企业参与程度高

在德国，企业代表进入学校的专业委员会，参与教学计划的制订、实施、检查和调整。在澳大利亚的TAFE学院，行业主导职业教育的决策，全面参与学校的管理、专业设置、教学计划、课程设置、教学条件建设等，同时负责学院的教学质量评估。在日本，产业界直接向学校投资，企业与学校在人员上相互交流，并向学校委托项目。

3. 充分体现职业教育的实践性和职业性

德国的“双元制”、英国的“工读交替”、澳大利亚的TAFE（Technical and Future Education）等模式会将一个或若干个社会职业归结为一个职业群，每个职业群对应一个专业群，学校根据专业群设置专业，通过分析职业群岗位

所需的知识、技能及素质来确定人才培养的目标及课程内容。德国学生在企业受训的时间是学校理论教学时间的 3 ～ 4 倍，以突出职业技能培训。澳大利亚 TAFE 学院的学生，80% 的时间是在工作场所进行工作本位的学习，只有 20% 的时间在 TAFE 学院进行学校本位学习。充分体现了职业教育的实践性和职业性。

### （二）国内产教融合与校企一体化典型办学模式的不足

目前，我国高校校企合作模式主要有："项目"模式、"订单式"模式、顶岗实习模式及引企入校模式。这些模式存在如下不足。

一是"项目"模式：行业企业人士是以项目的方式参与专业建设，随意性大，学校和企业没有建立起长期、稳定和深入的合作关系，企业没有真正参与人才培养的全过程。

二是"订单式"模式：使用范围窄，需要学生的数量少；因服务于特定岗位的需求，学生的培养具有针对性，不利于学生的可持续发展；校企合作也未能进入深入合作阶段。

三是顶岗实习模式：部分岗位技术含量低、专业不对口；因国家没有相应的政策支持，企业对学生的顶岗实习不积极，实习企业落实难度大，造成了"放羊式"顶岗实习状况。

四是引企入校模式：一些院校引入企业时带有一定的盲目性，如企业专业不对口、规模小、效益不高等问题；企业以盈利为目的，学校以人才培养为目的，双方目标不一致，很难形成深度合作。

# 第四章　产教融合与校企一体化的体制机制

所谓机制就是一套博弈中的制度和规则，不同的制度和规则会导致不同的博弈结果。合作育人可以被看作是由高校、企业、政府以及学生等多个主体参与的一场博弈，同时也是通过企业与高校在两种不同环境中培养人才的一种教育模式。合作教育机制是指在合作教育模式下，合作各环节主体之间的合作、协调和相互影响形成的一套共同促进人才培养的运行规则。那么，不同的合作教育机制会产生不同的教育效果。本章主要围绕产教融合与校企一体化要素、产教融合与校企合作一体化路径、产教融合与校企合作一体化模式三方面展开。

## 第一节　产教融合与校企一体化的要素

### 一、产教融合校企一体化的理念概述

十八届三中全会《决定》明确指出要“加快现代职业教育体系建设，深化产教融合、校企合作，培养高素质劳动者和技能型人才”。面对新常态，不仅需要反省深思职业教育发展的丰富经验，用新思维探索新实践，教育部的副部长陆昕将校企合作产教融合归纳成高校办学的规律，并在《切实加强产教融合，深入推进校企合作》中明确指出：“教育和产业结合的实现，企业和学校的合作，需要将职业教育合理融入产业背景下，在此基础上才能更好地推进职业教育的健康发展，提升职业教育质量。”产教融合的实行是职业教育创新与发展的新机制，需要创建产教合作的新机制，有效融合专业体系与产业体系。

“产学合作”办学模式的提出者是福斯特，而高校产教融合就是在此基础上产生的，福斯特观点充分展现了“高校教育发达国家的专家学者、政府、院校对高校发展方式的理论共鸣”。部分西方国家，如德国、美国与澳大利亚等

国家在产教融合、校企合作方面都创建了较为健全的法律保障与实行机制及实践模式，主要涉及“双元制”“合作教学”“三明治”等。我国对于产教融合的探索大致可以追溯至近代实业教育，其次是建国阶段的“半工半读”，最后是现今的“工学结合、校企合作”，逐步产生了多样化的模式，即产教融合、校企一体化办学模式，主要涉及专业教学与校内示范场所的有效结合；学校、企业、用户的有效结合等，产教融合日益受到社会与高校的高度关注与重视，并逐步发展为我国高校教育发展不可或缺的指导思想。

在高校教育现代化发展过程中，产教融合、校企一体化办学模式充分展现了现阶段职业教育的特点，不仅是职业教育的方式，而且是实现职业教育合理理念的重要平台。产教融合、校企一体化旨在融合教学和平台、方式和内容、理论和实践，从而合理弥补了“校企合作、工学结合”存在的弊端。值得注意的是，产教融合、校企一体化旨在强调主体的多元化，是主体多元化的结合平台，所以易受多种因素的影响与制约，在具体实践中不仅需要契合区域社会的经济发展，展现区域与院校的特色，而且需要有效配套教学创新改革和产业升级，校企合作，促进产业链和教育链的合理融合，这样的方式无疑促进高校与企业、产和教形成共同体，以及不断加强教学、学习与实训的结合，不断创新实训形式，从而真正促进高校产教融合、校企一体化育人的实现。现阶段，产教融合、校企一体化办学模式广泛得到高校的重视与支持，并加以研究。当前产教融合、校企一体化虽然具备充足的资金与合作对象，但依然存在一些问题，如缺乏长效机制治理能力与体系。因此，为了更好地处理与解决这些问题，我们需要不断创新高校产教融合、校企一体化办学模式，不断架构与探索社会服务宽度与合作育人深度。

## 二、产教融合与校企一体化理论依据

### （一）教育与生产劳动相结合理论

教育和生产劳动一直紧密结合在一起，人的社会生活离不开生产劳动，而有了生产劳动必然也就有了教育，只不过在原始社会下，两者自觉混沌地相结合，未被提升到理论层面。教育和生产劳动的关系经历过两个历史阶段的发展。

1. 欧文的教育与生产劳动相结合理论

16 世纪的英国空想主义者莫尔和 17 世纪资产阶级的经济学家约翰·贝勒斯都曾提出过劳动与学习相结合的思想。18 世纪法国启蒙运动思想家卢梭也表明，劳动是人的社会义务，培养独立人的一种方法为劳动教育。但由于时代的限制，他们的思想仅仅停留在培养自食其力的私有者上。19 世纪的空想家欧文、傅里叶，不仅认为劳动教育对人的全面发展起着积极的作用，而且从反对私有制的资本主义社会的弊端为出发点，指出劳动与教育相结合的必要性。欧文提出教育与生产劳动相结合理论并付诸实践，他想要建立一种社会计划来改变社会关系的不合理，通过一系列实践活动，证明教育和生产劳动结合的有益性，使社会以及人的发展都得到满足，是一位真正的教育家。

（1）欧文教育与生产劳动相结合理论产生的时代背景

18 世纪 60 年代英国工业革命开始，以棉纺织业的技术革新为开始，以瓦特蒸汽机的改良和广泛使用为枢纽，以 19 世纪三四十年代机器制造业机械化的实现为基本完成的标志。18 世纪中期，英国成为世界上最大的资本主义殖民国家，国内外市场的扩大对工场手工业提出了技术改革的要求，因此，以技术革新为目标的工业革命首先发生在英国。

欧文生活的时代正是英国历史上劳动阶层受剥削和压迫最严重的时期。资本主义生产的发展，加速了社会的分化，导致大批工人失业，农民、手工业者更加贫困，社会黑暗且动荡不安。同时，资本家为了牟取暴利，日夜不停地对工人进行残酷的剥削和压迫，尤其童工的成长环境、劳动环境极为恶劣。

（2）欧文教育与生产劳动相结合理论的局限性

19 世纪的空想社会主义者由于阶级和历史条件的限制，始终没有认识到变革社会的根本物质力量。他们离开了阶级去设计和实践社会主义，幻想着通过把教育与生产劳动相结合的办法，从而达到消灭体力劳动和脑力劳动之间的对立。

欧文认为教育是消除愚昧、实现平等、从而达到所有人利益一致的根本办法。值得肯定的，教育确实是人类社会进步所不可或缺的手段，教育传播知识、美德、实现人与人之间的平等，但一味强调教育这一项而忽视其他，难免就陷入了唯心主义的思维当中。

欧文在早期的新拉纳克的教育实践活动中，希望通过教育的手段来改善工人的生活和工作环境，这一教育实践活动确实也取得了良好的效果，然而，当欧文前往印第安纳州想要更进一步追求理想，实现共产主义时，实践活动最终失败了。我们应该清楚地认识到，教育并不是缓解社会矛盾的根本方法，教育的成功也并不能促成社会的根本变革，教育的功能在欧文的整个思想理论体系中被扩大化了。在世界资本主义大环境的四面夹击中，想要通过和平手段，想要通过教育改革来变革社会，教育承受了其无法承受之重。但是，我们并不能因为欧文后期实践活动的失败而否定其整个教育理论，欧文的幼儿园教育、环境学说和实行人性化管理等理念都是成功的，是值得我们借鉴和学习的。

此外，从现代教育理论来说，青少年时期还是应以教育为主，生产劳动应作为认识自然的一种教育手段而不是直接从事生产劳动，是对间接理论的论证，是获得直接经验的途径。

（3）欧文教育与生产劳动相结合理论的历史意义

欧文是伟大的教育家以及追求和谐社会的先行者。他的空想社会主义思想不仅构成了马克思科学社会主义的基石，而且直接影响了马克思恩格斯教育思想的形成。欧文的教育与生产劳动相结合理论，以其合理的内核、成功的实践被后世所继承，成为马克思恩格斯教育与生产实践相结合理论的源泉。马克思恩格斯的教育思想，是对欧文教育理论的合理批判和改造。

马克思通过对教育和政治经济的研究发现，一定的教育和训练，是生产劳动能力和改变劳动能力形态的重要手段，对社会发展起着至关重要的作用。而欧文于 1849 年出版的《新道德世界书》《人类思想和实践中的革命》中就着重阐明了通过教育和劳动相结合来培养人的理性发展从而获得新社会制度的观点，欧文把劳动教育的一般目的和建设新社会的任务紧密地结合在一起，这对马克思恩格斯教育理论的形成具有很好的指导和借鉴意义。

欧文的教育与实践相结合理论符合人类自身和社会生产都得到正常发展的客观规律，从欧文的教育实践活动中可以看出，教育不仅是生产劳动同智力和体育相结合，更是提高社会生产、实现人的全面发展的唯一方法。马克思强调人的全面发展，其基本内容是体力劳动和脑力劳动的协调发展。欧文的教育与生产实践相结合理论是马克思恩格斯有关学说的渊源。

马克思恩格斯教育思想是对欧文教育与生产实践相结合理论的继承和创新，用历史唯物主义的观点对原有理论进行合理的逻辑演绎。与欧文不同的是，马克思指出教育和生产劳动相结合是大生产的产物，它的实现取决于无产阶级的成熟度，从而指出了教育和生产劳动相结合的基本方向和可实施的一些做法。马克思主义并不像空想社会主义那样，将未来情景描绘的具体详细，而是提供方法、指明方向。

最后，生产与劳动实践相结合的理论虽有其历史的局限性，但是对于现代教育理论的发展还是有着十分重要的意义。即使面向 21 世纪，教育与生产劳动相结合仍然是职业教育、成人教育、高等教育改革等非常重要的指导思想。

当人类社会出现不同阶级、脑力劳动和体力劳动区分的时候，统治阶级为了培养下一任统治者，于是创办了专门的教育机构——学校。这是教育第一次从生产劳动中分离出来，但也仅仅是统治者的教育从劳动中分离出来，劳动者的教育仍然与生产劳动混沌地结合在一起。这一时期的教育多是文史知识的教育或者称之为统治思想的教育。在中国主要突出折射在孔子的教育思想上，为统治阶级培养“士”与“君子”，主张以“仁”“礼”制度进行国家统治；在西方，不论是雅典教育还是斯巴达教育，也都是重视思想统治教育和军事教育。然而随着社会的发展，当机器代替手工工具后，劳动者不得不掌握一定的科学知识以提升自己的劳动生产能力，于是就产生了现代意义的教育，这是教育第二次从生产劳动中分离出来。但以现代科学知识为连接点把教育和生产劳动结合在一起，既不像古代教育和生产劳动那样天然而混沌地融合在一起，也不像古代学校教育和生产劳动那样完全脱离，而是相互独立又不可分割地结合在一起。

十六世纪，早期空想社会主义者托马斯·莫尔就最早提出将教育与生产劳动相结合。十七世纪，经济学家约翰·贝勒斯表达过要结束现行的教育和分工。到十八世纪，工业革命的发展导致机器大工业时代的来临，法国启蒙运动思想家卢梭提出儿童在学习的同时也要参与劳动。瑞士教育家裴斯泰洛齐认为劳动是教育的先决条件，不仅能发展人的体力，也能发展人的智力。十九世纪，英国空想社会主义者罗伯特·欧文，是马克思之前对教育与生产劳动结合贡献最大者，并在自己的工厂进行教育与生产劳动相结合的实践。由于种种局限，直到马克思用历史唯物主义和辩证唯物主义的观点对其进行变革，才形成理论层面的教育与生产劳动相结合。关于教育与生产劳动相结合马克思认为：它不仅是提高社会生产的一种方法，也是造就人全面发展的唯一方法，同时更是改造现代社会最强有力的手段之一。

2. 马克思教育与生产劳动相结合理论

（1）马克思教育与生产劳动相结合思想的产生

任何一种思想的产生都建立在时代的土壤之上，马克思的关于教育与生产劳动相结合的思想也不例外。19 世纪 30 年代，最早从英国的产业革命开始，资本主义大机器生产率先在纺织业和一些轻工业领域取得优势，之后重工业也被大机器生产所占领，这就意味着整个工业体系基本实现了大机器生产。在英国完成产业革命之后，法国的工业部门也进行了大机器生产的革命。德国虽然资本主义生产力发展水平比前两者来较为低下，但在欧洲已经刮起了大机器生产的风暴，德国的大机器生产也有了一定的发展，尤其是靠法国的马克思的故乡莱茵省，资本主义快速发展。

首先，在这样的环境中成长起来的马克思注意到了资本主义的发展对生产力的巨大影响。英、法、德等国的工厂和工人的数量急剧增加，社会阶级分化日益加剧，与此产生的是教育与生产劳动的相分离。以英国为例，在资本主义发展期间英国工厂数目的平均增长，在1838年至1850年间是每年32个，而在1850年至1856年间几乎扩大了三倍，达到每年86个。正是资本主义生产力的迅猛发展引起了当时欧洲各国政治、经济、文化以及思想教育的深刻变化。马克思在密切关注这些变化的同时也发现了在资本主义蓬勃发展背后的致命弱点，这就是社会化生产和资本家私人占有之间的矛盾。资本家在攫取巨大的利益与财富的同时，工人们却是长时间超负荷的工作。随着工厂数量的增加，为降低成本，资本家们大量招收童工和女工。因为在当时童工和女工的工资比男性成年工人工资低得多。资本主义的剥削让工人不仅在身体方面和智力方面，而且在道德方面，都遭到资产阶级的摒弃和忽视。工人们特别是童工在没有任何劳动保护措施的环境下从事长时间的繁重劳动，严重的损害工人们的身心健康。虽然资本家们出于各种因素的考虑，也会将童工送去夜校或慈善学校进行学习，但其根本是接受资产阶级思想的奴役。在这种情况下，工人们为自己及子女争取教育的权利而斗争，希望在工厂的劳动之外他们也可以有接受教育的时间和权利。

其次，近代科学技术的发展深刻影响着教育及人自身的发展。近代科学将人们在生产过程中积累起来的知识和技术经验集中起来，分门别类地形成了各类科学知识体系。大工业把巨大的自然力和自然科学并入生产过程中，科学知识日益成为发展生产的决定因素，而仅凭劳动生产者的个人经验和技艺已经远远达不到大机器工业生产的要求了。所以工人们迫切希望改变传统的父传子、师带徒的生产劳动方式，掌握现代的科学知识技能，更为系统地进行科学知识的学习。这些情况需要义务教育的普及，学校教育也要增加自然科学和技术学科，并建立和发展各类职业技术学校，工艺学校也转变传统单一的教学模式，在着眼于培养人的劳动能力之余增加人们对基本原理知识的学习。这就要求必须把教育与生产劳动相结合的理念贯彻在无产阶级的教育之中，造就全面发展的个体。

（2）马克思教育与生产劳动相结合思想的产生条件

①主观条件。马克思的成长环境对其教育观有着巨大的影响，马克思成长于德国，他的家庭流淌着犹太人的血液，但信仰新教的他却从小生活在天主教盛行的地区。在复杂的宗教信仰和周边环境里成长的马克思从来没有把自己的社会环境看成是一个统一整体，所以马克思更多倾向于用批判的眼光来观察社会。1830年马克思在特利尔读中学，这所学校原是耶稣会学校，在这里他受到了典型而纯粹的人道主义教育。这些对于马克思后来批判资本主义，为无产阶

级服务埋下了伏笔。之后，马克思为顺利完成德国学校的毕业考试而写下的一篇德语作文《青年在选择职业时的考虑》中写出了他对职业选择的态度和价值取向。这种价值，就是为人类利益而牺牲生命。马克思在这篇文章中充分表现出了他作为人道主义者的理想观念，即个人的全面发展和相互依赖的人群共同体的全面发展。可以说青年时期的马克思就已经表现出为整个人类发展而奉献的精神，为人的全面发展而探索的精神。这也为之后他关于无产阶级教育的思想理论奠定了坚实的基础。

马克思在现实的社会生活中逐步加深了对教育与生产劳动的理解，马克思从一个推崇黑格尔、费尔巴哈的德国青年人开始逐渐成长为影响世界的思想巨人。这就足以表明马克思对于问题的探究精神远远不止步于简单的理解和解读，更注重的是问题在现实中的实践。马克思批判旧的唯物主义是没有看到社会实践的巨大作用，从而与旧的唯物主义划清了界限，建立了科学的唯物史观。从这一点就能看出马克思对于社会实践，对于现实的社会生活是极为关注。而当时的社会正值资本主义发展的变革时期，马克思在看到资本主义对于工人无情的剥削，特别是童工在工厂中的悲惨生活后，就提出了普及义务教育、教育与生产劳动相结合等一系列关于无产阶级教育的思想理论。在此后马克思在多部著作中考察了劳动对于人的意义和分工对于社会的重要性，使教育与生产劳动相结合的思想具有更加深厚的历史底蕴。马克思对教育与生产劳动相结合的论述不是凭空想象出来的。而是在历史发展和现实的社会生活、社会实践的基础上提出的无产阶级先进的教育思想。

②客观条件。马克思批判地继承了前人的思想，十六世纪，英国早期空想社会主义者莫尔在其《乌托邦》一书里就提出了：在乌托邦里每一个人都必须要参加农业劳动并学习某种手工业，儿童在学校里学习农业知识的同时还要去田野从事观察和劳动的主张。莫尔在他的乌托邦里就开始实施教育与生产劳动相结合的教育方式。随着资本主义的发展。一些经济学家也主张学校要与实际生活相结合。英国经济学家贝勒斯首先使用劳动学校这一名词，他强调："劳动会来富裕，怠惰者应穿褴褛的衣服，不工作不得食。"劳动教育在他看来不仅是为了获得劳动的习惯，而且着重于劳动对智育与德育的作用。马克思指出："贝勒斯早在十七世纪末就非常清楚地懂得，必须结束现行的教育和分工。因为这种教育和分工按照相反方向在社会的两极上造成一端肥胖，一端枯瘦。"十八世纪资产阶级民主主义者卢梭就强烈反对衣租食税的世袭贵族，并认为体力劳动是每一个社会成员不可避免的义务。他把一切游手好闲的人都看作是骗子，认为一个自由的人应当掌握各种劳动职业，只有靠自己劳动生活的人，才

是真正的自由人。卢梭把手工劳动不止看作是对学生身体训练和双手灵巧性的发展，而且强调把学生童稚的求知心引导到发展他的机敏性、创造精神和预见性上。卢梭还把手工劳动作为使儿童正确理解各种社会关系的手段，看成人的智力、人的社会意识发展的源泉。在卢梭自然主义教育思想中，教育与生产劳动相结合思想具有一定的正确意义。他对这一问题的见解，在法国、瑞士和德国都引起强烈的反响。法国国民公会力图通过立法来实现这一主张。可是卢梭的教育与生产劳动相结合的思想，是以手工业和农业劳动为基础的，这是由它的历史时代的局限性所决定的。瑞士民主主义教育家裴斯泰洛齐受卢梭的影响，认为劳动是教育和发展的最重要条件，劳动不仅能发展体力，并能发展智力，形成人的道德。裴斯泰洛齐特别指出劳动教育对于培养"人"的作用。劳动教会人蔑视那些跟事实脱节的语言，帮助形成精确、诚实等品质，有助于形成儿童跟成人之间和儿童之间合理的相互关系，合理地组织儿童体力劳动能够促进他们的智力和道德力量的发展。裴斯泰洛齐把教学和手工业和农业的生产劳动相结合，作为教育的基本原理之一，并且设立了一所学校以实施其理念。

19 世纪法国伟大的空想社会主义者傅里叶抨击资本主义"文明制度"，主张用"和谐制度"代替"文明制度"。傅里叶在描绘未来社会的生活图景时，特别关心和谐社会的教育事业。他主张利用儿童对待劳动的天性，从幼年起就参加家务劳动，他认为劳动教育中有着智力发展的源泉，并把劳动教育和培养新道德联系起来。傅里叶从"人的本性"提出交换工种的大胆设想，主张人们一边工作，一边学习。

英国空想社会主义者欧文经历了英国产业革命，目睹了在这一阶段里，大批破产的手工业者成为无产者，广泛使用廉价的女工和童工，残酷的剥削没有止境。欧文主张用工厂法来限制剥削，并拟定了一个美好的社会计划，以图根本改变这种不合理的社会关系。他指出新生一代将从事于以"在力学和化学的力量协助之下"的科学和技术的成就为基础的劳动（欧文所说的劳动是大工厂中的劳动）。"所有的人都将利用科学所提供的一切改良措施，轮流参加新村一项或多项工作，他们还要交替从事农业和园艺。"欧文把教育与生产劳动相结合建立在机器大工业的物质技术基础上，在新拉纳克进行实践，并为此付出了巨大的精力和财富。

在马克思以前的先贤们已经认识到社会主义经济制度同人的发展的关系。圣西门的实业制度、欧文的工业制度等都是他们预测未来社会的蓝图，揭露了分工的弊端。应该说，马克思在提出关于教育与生产劳动相结合的思想之前，对于先贤们的理论及其主张都进行了翔实的分析和研究。最终取其精华去其糟粕，批判地继承了这些思想，这对他之后关于教育与生产劳动相结合的阐述有着重要的参考作用。

（3）教育与生产劳动相结合的意义

①教育与生产劳动相结合是提高社会生产的一种方法。马克思在考察和研究了先辈对教育与生产劳动相结合的实践，以及19世纪英国工厂法的实施之后，对教育与生产劳动相结合的意义作出了更为深刻的总结，那就是教育与生产劳动相结合是提高社会生产的一种方法。

在资本主义生产方式以前的生产中人们主要从事的是农业和小手工业生产，这种生产的技术结合是手工工具和手工操作技艺的结合。生产经验还没有上升为科学理论，靠父传子，师带徒的方式传递生产经验，在直接操作过程中锻炼自己的体力和提高技能的熟练程度。在这种条件下生产的主要是农民、手工业者的个体生产，而不是社会化生产，教育和生产劳动基本上没有直接联系，社会生产力水平是十分低下的。而第一次产业革命改变了这一切，使劳动资料由人的手工工具转变为机器体系，改变人力在生产过程中的地位。马克思也说“科学通过机器的构造驱使那些没有生命的机器、肢体有目的作为自动起来运转”。①机器是科学应用于生产的结果，是物化的智力。在机器生产的条件下，随着生产技能从工人身上并入机器，劳动职能大大简化。科学技术的发展，使物质生产中的智力因素不断增长，生产劳动逐渐变成科学劳动，社会劳动不断智力化，整个社会的科学文化水平同生产力发展水平成正比，科学越发展，生产力也就越提高。

②教育与生产劳动相结合是造就全面发展人的唯一途径。马克思在《资本论》中明确提出了教育与生产劳动相结合，对社会生产和培养人方面的重大作用:“它不仅是提高社会生产的一种方法，而且是造就全面发展的人的唯一方法。”马克思曾说过：“劳动首先是人和自然之间的物质变换过程。人自身作为一种自然力与自然物质相对立。为了在对自身生活有用的形式上占有自然物质，人就使他身上的自然力——臂和腿，头和手运动起来。当他通过这种运动作用它身外的自然并改变自然时，也就同时改变他自身的自然。他使自身的自然沉睡着的潜力发挥出来，并使这种力的活动受他自己控制。”这里说明，人是在劳动过程中形成的，劳动不仅是一切物质财富的源泉，而且是人本身发展的根源，劳动创造了人本身。劳动是人体力和智力活动的显示和享受，人的个性、才能、世界观正是在劳动过程中形成的。历史上多少人文主义者和启蒙思想家，都提出过参加劳动的问题，但他们受历史的局限，着眼于个性解放和正义道德。而马克思主张实行普遍义务劳动制，是在合理的社会制度下，每个有劳动能力的

人都应当成为生产工作者，不仅用脑力劳动，而且用双手劳动。社会每个成员都能把体力劳动与脑力劳动结合起来，使人的各个方面能力都得到充分的发展，从而成为全面发展的人。

马克思在《哲学的贫困》《资本论》等著作中分析了机器大工业条件下分工的特点，从生产的技术特性上证明了用全面发展的人代替片面发展的个人的客观必然性。马克思指出了机器生产对工人发展的影响："现代社会内部分工的特点，在于它产生了特长和专业，同时也产生职业的痴呆，工厂分工的特点、是劳动在这里已完全丧失专业的性质。"

马克思预见到，资本主义大工业生产在客观上为消灭脑力劳动和体力劳动的对立，实现人的全面发展提供了物质条件，但在主观上决不能自行实现这一变革。在资本主义条件下人的全面发展不能不受到资本主义经济规律的制约。正因为这样，马克思把生产劳动和教育的结合作为克服体力劳动和脑力劳动分离和对立，劳动者畸形发展的社会弊病的抗毒素。马克思把废除私有制看作是解放生产力和实现人的全面发展的首要前提。把生产资料公有制的建立，作为发展社会生产、实现人的全面发展的基本条件。他认为只有从根本上变革资本主义制度，建立社会主义和共产主义制度，并充分发展社会生产力，才有可能实现全体社会成员的全面发展。

③教育与生产劳动相结合是改造现代社会最强有力的手段。在《哥达纲领批判》中，马克思对于教育与生产劳动相结合的思想进一步深化。将它表述为改造现代社会的最强力的手段之一。大工业从技术上推翻了旧的分工制度，但是大工业的资本主义形式，阻碍着这些反映社会发展客观要求趋势的进一步实现。资本家为了使资本增值，不断地压榨工人，工人的片面发展进一步加剧，严重地加剧了生产过程中脑力劳动和体力劳动的分离和对立，使工人及其后代身心片面发展达到顶点。

生产过程中智力同体力相分离，智力变成资本支配的权力，是在以机器为基础的大工业中完成的。它破坏了大工业机器生产本身为教育与生产劳动相结合提供的基础。只有工人阶级夺取政权以后，消灭奴役，全社会的教育与生产劳动相结合才能得到彻底实现。工厂劳动使社会化劳动和机器劳动结合，而这种社会化生产在历史的发展来看是一种进步。因为社会化生产把劳动过程中的生产者结合成一个总体，加强了劳动者之间的联系，使劳动者摆脱了小生产时代孤立、分散的状态，扩大了他们的视野。正基于此，马克思并不反对儿童和少年参加到社会生产之中。"由各种年龄的男女组成的结合工人这一事实，尽管在其自发的、野蛮的、资本主义形式中，也就是在工人为生产过程而存在，不是生产过程为工人而存在的那种形式中，是造成毁灭和奴役的祸根，但在适当的条件下，必然会反过来变成人类发展的源泉。”

马克思将参加社会生产看作是一种进步。针对《哥达纲领》中禁止儿童劳动的说法，马克思进行了强有力的回击。认为在用年龄界限划分儿童的方式和具备保护儿童的其他预防措施的条件下，生产劳动和教育的早期结合是改造现代社会的强力手段之一。马克思希望青年一代在日常生活斗争中去接受教育，了解无产阶级的现实生活和社会关系，培养一种阶级意识。但这需要亲身参加并经历阶级关系而获得，只有通过教育与生产劳动相结合方式，才能形成这种教育并最终导致社会的变革。

3. 我国教育与生产劳动相结合理论应用

中华人民共和国成立后，以毛泽东同志、邓小平同志为代表的党的第一代领导人和第二代领导人都提出了与时代相呼应的教育与生产劳动相结合的思想与理论。1958年中共中央、国务院印发《关于教育工作的指示》，明确指出：“党的教育方针是教育为无产阶级的政治服务，教育与生产劳动相结合。”[47]

随着社会的发展，对于教育与生产劳动相结合的解读与理解变得更加广泛。教育的范畴可以指普通教育、高等教育、职业教育以及非正规教育，生产劳动的范畴包括一切有利于社会的活动。校企合作育人则是新时代下教育与生产劳动相结合在应用型本科高校和企业之间的实践。

### （二）利益相关者理论

利益相关者理论经常出现在很多企业管理研究中，这一理论最开始是来自经济学家的研究中。关于它的定义有非常多的版本，在国外就有30多种不同角度、不同层面的定义。而国内对其研究也非常多，在知网检索利益相关者理论可以查到上万条信息，而这些信息大多与企业研究相关。但是随着对它研究的不断深入，这个理论的研究和应用得到了延伸。简单的描述利益相关者理论即为：“影响企业利益的不仅仅是企业的出资人还有企业的员工、消费者、企业的合作单位还有政府和企业利益相关的个人或者群体、组织。企业需要在经营中获得他们的支持，考虑他们的利益需求，使各自利益得到最大化。”

利益相关者理论在产教融合中的应用，据利益相关者理论将“产教融合”涉及的主要部分进行分类，分为直接利益获得者、间接利益获得者和外延的利益获得者，并且分析他们在产教融合中的利益诉求，明确各主体在产教融合方

---

47 成有信，劳凯声，肖川，等．教育与生产劳动相结合问题新探索[M]．长沙：湖南教育出版社，1998.

面的责任和义务，形成产教融合利益分配的办法，使他们在过程中都能够受益。

1. 直接利益相关者：企业、学校和学生的利益诉求

企业属于盈利性机构，其最终目标是实现利益最大化。在产教融合中，企业的价值追求在于获得合格的员工、必要的技术支撑及企业员工培训等。与此同时，其贡献点主要在于为学生提供实习（就业）岗位、实习实训设备、参与专业建设及人才培养方案的制定等。学校的价值追求在于提高办学知名度、获取更多生源、提升办学水平及获得办学资金等，其主要贡献点在于培养符合用人单位需求的高素质技术技能人才、为企业提供职工培训等。学生的价值追求在于提高专业技能和素养、获取实习（就业）岗位等，其贡献点在于为企业创造更多经济利益。

2. 间接利益相关者：教师、行业协会和地方政府的利益诉求

教师虽属于间接利益相关者，但对于产教融合的顺利开展也起到关键性的作用。在产教融合中，教师的价值追求在于提升专业水平、获得相关专业一线知识及培训等，其主要贡献点在于传授专业知识、为企业员工提供在职培训、制定人才培养方案和课程标准，提升“双师素质”。行业协会的价值追求在于促进相关行业的规范有效运行，其主要贡献点在于为地方政府、学校和企业搭建产教融合的平台，并发挥其协调、指导以及评价作用。地方政府的价值追求在于推动教育和产业统筹融合、协同发展，从而促进就业和经济增长，其贡献点在于提供必要的经济和政策支持。

3. 边缘利益相关者：家长、社会组织、媒体及社会大众的利益诉求

家长、社会组织、媒体及社会大众作为产教融合中的边缘利益相关者，相对于其他利益主体来说，其参与度较低。边缘利益相关者基于各自利益的诉求对于高职院校产教融合的管理决策所产生的影响力较弱。家长的价值追求在于从学生的立场出发，关注学生能否习得相关专业知识与技能、未来就业前景等；社会组织的价值追求在于能够及时了解行业讯息，实时调整自身发展路径；媒体的价值追求在于获取新闻热点，提高媒体的影响力，同时能够增强产教融合的宣传力度；社会大众的价值追求在于了解产教融合相关劳动力市场的就业动态，根据需要调整个人的职业规划等。

## 三、产教融合与校企一体化的要素分析

当前产教融合需要加强哪些要素的融概括起来主要有三个方面：专业融合是基础，教学融合是重点，师资融合是关键。

### （一）是专业与产业的融合

专业是职业学校的基本要素，是产业变化的晴雨表，从职业学校专业设置的变化往往可以观察到一段时期内的产业变化。所以，专业与产业是紧密相连的，换句话说，专业对接产业是产教融合的基础。如果专业设置与产业脱节，产教融合就失去了根基，所谓的产教融合也就无从谈起。目前职业学校专业设置存在的主要问题包括：一是专业设置脱离产业。什么样的专业好招生就开设什么专业，盲目跟风，完全忽视产业特别是区域产业对技术技能型人才的需求。二是专业繁多。一些学校开设了不少专业，有的甚至几十个专业，表面看上去对接产业广泛，实际上什么产业都没有对接好，让学校失去了特色。严格来说，职业学校不应该是综合性的，而应是具有产业特色的“专科”学校。一所有特色的学校往往从校名就可以判断它对接了什么产业，具有什么特色，这也是职业学校区别于普通学校和综合高中之处。三是专业简单对接产业。一个大的产业往往是由系列相关产业组成的产业集群，而很多学校往往只有一个或两个专业对接产业集群的某一个或两个产业，在产业广度上对接远远不够。此外，一个产业从研发到生产、销售、售后维修，往往是一个较长的产业链条，而我们的学校往往只对接其中一个环节，这造成了产业人才需求断节断链。因此，对应产业集群和产业链，建设专业集群，系统培养产业技术技能人才，形成办学特色，在当前尤为重要。其次是教学与产业的融合。专业与产业的对接只是产教融合的必要条件。对接只是融合的基础，只有对接，没有教学环节的融合，根本算不得真正意义上的产教融合，顶多只是一种形式上的连接。

### （二）教学诸要素与产业的融合

一是教学标准与职业标准的融合。职业教育严格来说应该是职业资格或者是职业能力的教育，职业教育的教学内容来自职业标准，教学内容要对接职业标准。国家职业标准是对从业人员的一般要求，专业教学应该保证每个学生都能达到。与此同时，专业教学还要及时关注行业、企业的新发展、新要求，不断更新教学内容。因此，有人主张职业教育专业课程要采用活页式的教材是不无道理的，其目的就在于方便教学中随时更新教学内容。

二是教学过程与生产过程的融合。严格来讲，专业技能不是教会的，而是

学习者在实践中练会的。教师教的只是程序性知识，即可以言传的明言知识，而更多的不可言传的意会知识只能靠学习者在反复练习中体会、琢磨而习得。因此，工作技能形成的最有效的途径是在工作场所中的“做中学”。教师只有熟悉了所教专业对应岗位的生产过程，才有可能将生产过程引入教学过程，并按照生产过程安排教学过程。

三是评价方法与产品验收方法的融合。企业生产成果最终体现在产品上，产品的质量决定生产的效率。同样，职业教育很多专业的学习可以通过学生作品来呈现学习结果与学习效果。因此，职业教育专业教学的评价要推广以作品为导向的评价方式，引入企业产品质量评价标准和评价方法，评价学生的综合职业能力。通过作品评价，不但可以检验学生是否熟练掌握了产品技术标准，而且还可以通过作品完成的程度透视学生学习过程的工匠精神和职业素养。作品评价是专业教学融入产业、融入生产过程的重要标志，应该大力推广。在这方面，美术类专业早有值得我们学习和借鉴的经验。

### （三）教师与产业的融合

产教融合的决定因素是人。从学校方来说，专业融合、教学融合都是产教融合的基础，师资才是产教融合的关键因素，即产教融合的关键是师资与产业的融合。笔者在调研时发现，有一所学校对接当地产业非常紧密，其中陶瓷专业与当地企业合作得非常好。据该专业教师介绍，有家企业烧制陶瓷时，釉面总是起橘皮皱，学校专业教师通过分析，帮助企业顺利解决了这个难题。因此，学校专业教师深受企业欢迎，企业一有技术难题就找学校教师一起研究解决，真正形成了企业离不开学校、学校离不开企业的鱼水关系。可见，校企合作并不完全是“企业冷、学校热”，企业不“热”是因为学校没有找到校企合作的共同利益点。从上述案例可以看出，这个共同点就是技术合作。在这方面，本科院校特别是一些重点本科院校往往比职业学校做得更好。他们不但可以提供技术指导，而且还能帮助企业研发产品、开发产品，实现更高层次的产教融合、校企合作。从这个角度来说，产教融合、校企合作并非职业教育的专利，只是目前职业教育在这方面做得还不够深入，因此需要大力推进。不推进就会远离产业，从而背离职业教育的初心。学校要致力于专业教师素质的提高，帮助企业攻克技术难题、研发新产品，这样校企合作才会真正进入深度融合发展阶段。

## 第二节 产教融合与校企一体化的路径

高职教育体制机制的滞后所导致的专业教育与产业结构、产业需求与人才供给的失衡始终困扰着应用型人才培养的发展，为破解这一难题，需深入探索现代职业教育体系发展和产教融合与校企一体化的核心要素，照此对产教融合与校企一体化的路径进行进一步的修正，形成新的发展路径。

高职教育与社会经济之间的关系反映了人力资源与产业需求的供需关系，受市场机制的调节，高职教育体制机制的滞后导致专业教育与产业结构，产业需求与人才供给（毕业生技术技能）的失衡。为破解这一职教难题，学界从理论到实践已经开展多角度、多层面的研究和试验，但瓶颈依然存在，浙江工贸学院充分利用学院园区化平台的优势，尝试产教融合与校企一体化的高职教育教学改革，以探索解决该难题的有效途径。

### 一、产教融合与校企一体化路径诠释

从产教融合与校企一体化的核心要素分析来看，产教融合与校企一体化的路径可以在此基础上进行修正。一体化内聚力可以增加政府引导力、市场吸引力变成“五力”；一体化目标可以调整为专业设置与产业需求对接、课程内容与职业标准对接、教学过程与生产过程对接、毕业证书与职业资格证书对接、职业教育与终身学习对接共五个对接；在一体化目标之后增加一体化平台构建，平台构建必须具备协同育人功能、协同创新功能、创业教育工贸、产业调研功能和成果转化功能；一体化课程与教学在原有课程范式项目化、课程组织多样化、课程实践生产化、课程成果产品化的基础上增加课程改革同步化一体化评价在学生满意度、企业满意度、学校满意度、社会满意度基础上增加政府满意度；在一体化评价后增加一体化保障，主要从动力机制、组织机制、制度驱动机制、运行机制、利益分享机制五个机制，产教融合与校企一体化的主线仍然是教育性，在此基础上各个利益契约合作关系中，体现出相互的包容、优势的互补、利益的互惠。

## 二、产教融合与校企一体化目标设计

### （一）一体化内聚力形成

产教融合与校企一体化的内聚力共有“五力”，包括企业教育力、学校服务力、学生发展力、政府引导力、市场吸引力，这是实现产教融合的前提条件。产教融合与校企一体化，必须考虑合作企业的教育力，企业生产规模、生产效益要兼顾，但更重要的是要考察合作企业所具备的承担学生培养、学生生产实训中的技术技能指导的实力；学校自身也要根据师资、专业结构、学科技术和技能优势、科研能力等衡量与企业合作中能给以企业的服务力；更重要、也是最根本的还要考虑学生的发展力，学生的专业性和专业能力培养是校企一体交汇的出发点和目的。政府对于学校、企业的引导力也是必需的，良好的政策、项目、资金支持，会营造优质的产教融合环境；市场吸引力则为产教融合与校企一体化提供了要素资源重新配置的空间。

### （二）一体化目标要求

产教深度融合的基本内涵是产教一体、校企互动。其基本目标的实现是“五个对接”。专业设置与产业需求的对接，专业随产业发展而动态调整，提升服务区域产业发展急需的人才的培养能力；课程内容与职业标准的对接，按照产业技术驱动开发课程，改革教学内容；教学过程与生产过程的对接，打破传统学科体系，依照生产工作逻辑重新设计课程序列，深化技术、技能学习和训练；毕业证书与职业资格证书的对接，将职业资格标准与行业技术规范作为课程的核心体系，进一步完善学院职业资格证书与学历证书“双证融通”制度；职业教育与终身学习的对接，增强职业教育的开放性、多样性，满足学习者职业发展的需求。

## 三、产教融合与校企一体化平台构建

产教融合与校企一体化必须把握“服务”与“培养”之间的平衡，因此在构建一体化平台的时候必须强调协同育人、协同创新、创业教育、产业调研以及成果转化等核心功能。

### （一）做好协同育人

产教融合与校企一体化的主要目的和中心任务应聚焦于培养人才，因此，育人是产教融合与校企一体化的核心。产教融合与校企一体化是一种开放跨界的教育运行体系，其独特文化体现在跨越院校、政府、行业企业、科研机构等不同领域的联动上。通过多方协同联动，以政产学研市立体协同推进为实施手段，变革高职人才培养模式，强调职业素养，把人才培养贯穿于教学、生产实践、创新研发和应用服务的全过程，适应经济发展的新需要。

### （二）做好创业教育

产教融合与校企一体化平台本质上就是一个创业创新的有效载体。鼓励并引导学生、教师参与创业创新实践，并将创业与专业、与科技、与区域产业、与政府导向相结合，提升师生的创业知识和经验、创业意识、创业能力、科技知识和创新能力、创业成效也是产教融合与校企一体化平台的一项很重要的功能。通过这个载体，形成完整的创业实践教育体系。

### （三）做好产业调研

产教融合与校企一体化平台融合了大量的企业和相关行业，利用政产学研市的联动机制，可以深入了解整个行业和主要企业发展的现状、问题及发展趋势，从而为政府、行业、企业提供咨询建议，为高校提供人力需求报告，为科研机构提供产业需求的一手资料。

### （四）做好成果转化

长期以来，产学研成果转化率低是突出问题，原因在于成果转化、技术转移只有在特定的创新体系和组织制度环境下才能发生和实现，从而使得技术知识或技术成果在不同利益主体之间传递。也就是说，如果只有企业和大学两个轮子，也无法有效“驱动”区域创新经济的发展，而必须依靠政产学研市的一体化提供技术转移、成果转化的土壤。

## 四、产教融合与校企一体化教学与评价

### （一）一体化课程与教学

合作目标确定以及平台建成后，如何科学设计课程结构与内容，吸纳用人单位直接参与课程设计就变得非常关键了。课程范式项目化，强调实践课程要将专业性融入相关的专业生产项目之中，以专业生产过程的关键知识、核心能力安排实践课程。课程组织多样化，强调实践教学并不排斥传统的课堂教学、模拟性的实训教学等，倡导课程组织的灵活性、多样性。课程实践生产化，强调专业的实践课程要突出专业生产的知识特性和技术特性，尤其在真实的生产

过程和生产环境中培养学生的专业技术及应用能力，是最关键的要求。课程成果产品化，是校企一体化实践教学绩效评价的特殊要求，因学习是真实产品生产中的学习，实践性产品的质量将是评价学生学习态度和知识应用及迁移能力的重要指标评价参照体。课程改革同步化，就是如何根据产业技术的变化驱动课程改革。从而使教学活动在真实的环境中开展，按照企业真实的技术与装备水平设计教学内容，并按照真实的业务流程设计教学空间和课程模块，激发学生学习兴趣，推动教学方法改革。

### （二）一体化质量评价

产教融合与校企一体化的质量评价指标主要依据学习主体、合作主体间的“满意”程度进行。这种一体化质量评价主体建议从学生满意度、企业满意度、学校满意度、社会满意度、政府满意度五个维度进行。学生满意度是最核心的标准，是整个路径操盘的重中之重。路径也考虑到产教融合与校企一体化的多面性，提出了校企合作双方的满意评估。高职院校同样肩负着重要的公益服务的社会职能，校企一体化的效应不仅作用于相关联合体之间，也不可避免地会产生社会辐射及先导作用，放大高职社会公益服务功能，让更多的行业企业同享高校的优质资源，这是社会满意度的意义所指。作为政府提供教育服务公共产品的主要力量，政府作为主办方和投资者，政府满意度可以作为评价产教融合与校企一体化的办学方向与成效。

产教融合与校企一体化质量评价实施可以分为高校和生产企业的内部评价及行业组织第三方质量评价两个层面进行。产教深度融合与校企一体化质量内部评价内容重点考查产教深度融合的组织与领导、职责履行、人才培养方案、基地建设、毕业生社会声誉、教师成果转化等；生产企业产教深度融合质量内部评价主要考查技术培训、订单完成、新产品开发、新技术引进等。行业组织第三方质量评价重点对产教融合是否符合行业产业发展等进行检查和评价，并及时反馈和修正。同时，通过制订具体标准，开展产教深度融合督导检查，合理设计各种奖惩措施，以调动产教融合各方的积极性。

## 五、产教融合与校企一体化保障机制

如何保证产教融合与校企一体化目标的实现，如何保证产教融合与校企一体化的自我运行与调节，需要一系列的机制作为保障。在相关法律法规缺失的背景下，产、学、研主体可以从动力机制、组织机制、制度驱动机制、运行机制、利益分享机制等方面保障产教融合与校企一体化的有序运行，推动产教融合与校企一体化迈向更深层次和更高水平。

### （一）动力机制

产教融合与校企一体化产生的动力机制是指合作主体多方要素之间相互作用、相互联系、相互制约的形式和作用方式。合作动力的产生主要由于利益驱动、优势互补、政策推进和发展需求等因素综合作用，激励院校、行业企业、科研机构在政府的影响下和市场的需求下产生合作意愿，提高合作兴趣，巩固合作发展的有关政策、制度和运作方式。

产教融合与校企一体化各主体会受到多方面因素的影响和作用。企业受市场需求的驱动；院校是人才和科技成果的摇篮，单独依靠企业自身不能培养出合格人才的时候，企业就会对产教融合表现出浓厚的兴趣。科研机构参与产教融合与校企一体化除了经济利益驱动，还有实现社会价值，提高学术水平、社会地位的动力。行业协会作为企业的“娘家”，参与产教融合与校企一体化的动力主要是推动本行业良性发展。政府和院校作为为社会最大程度提供人才公共产品的服务是其职能所在。

### （二）组织机制

明确的组织机制是产教融合与校企一体化的基础，是形成自我约束、自我规范的内部管理体制和监督制约机制的保障。政府应设立校企合作的组织管理协调机构，加强对“产教融合与校企一体化”工作的领导，把“产教融合与校企一体化”工作作为一项重要内容纳入各级领导任期目标责任制的考核，加强对“产教融合与校企一体化”工作的指导、协调、监督和服务，保障“产教融合与校企一体化”工作顺利开展。高职院校也应成立“产教融合与校企一体化”组织管理机构，在学校层面指导和管理各个专业与企业的合作，统一协调解决合作过程中遇到的问题。

高校要建立理事会（董事会）的社会联系和合作机制，完善理事会（董事会）结构，规范决策程序。设立专业指导委员会，负责协调和指导产教融合与校企一体化的开展，解决合作发展中的重大问题；设立教学工作委员会，负责校企共建专业、课程、师资、实训基地；设立订单与就业委员会，负责订单培养计划的签订、毕业生就业推荐、选聘与服务工作；设立社会服务委员会，负责技术研发与服务、企业员工培训工作。此外，还需完善体现职业教育特色的高校章程和制度，制订符合职业教育特点的校长（院长）任职资格标准等。

### （三）政策驱动机制

政策驱动机制主要是指各级政府主管部门制定出台的相关政策措施。政策体系的建立是“产教融合与校企一体化”良性发展的前提，也是其赖以生存和发展的基础。目前我国“产教融合与校企一体化”体制存在着很多不利因素，企业参与校企合作的积极性不高、动力不足，要改变参与“校企一体化”进程中学校“一边热”的不利局面，政府应不断建立完善政策驱动机制，制定出台产业政策、税收政策、金融政策、就业政策、激励政策等相关政策。通过政策的制定，理顺政府与“校企一体化”进程中其他各主体之间的关系，制定具有前瞻性、战略性及科学性的政策体系，使我国的“产教融合与校企一体化”尽快步入科学化的发展轨道。

### （四）运行机制

运行机制是保证产学融合一体化正常运行的制度保障，主要包括：协议机制、沟通反馈机制、行业定期指导机制、监管机制、风险管理机制等内部长效运行体系。其中协议机制主要指在尊重市场决定性资源配置的前提下，政产学研中所有与院校合作的单位必须签订合作办学协议，明确院校、行业企、科研机构、政府四方的责、权、利，以契约方式规范合作办学行为。行业定期指导机制主要是邀请行业协会专家定期对行业、企业的发展做面对面的指导交流，提供整个行业发展的最新信息以及相关企业的优秀经验，同时对相关项目的开展提供咨询。

### （五）利益共享机制

在产教深度融合过程中，利益主体涉及学生、教师、学校、企业等，构建各主体之间的利益共享机制，实现利益共赢是产教融合与校企一体化得以顺利实现的基本条件。尤其是政府、相关行业协会的参与，是当前产教融合利益共享机制构建的需要解决的新课题。政府、相关行业协会是产教融合与校企一体化的引导者、组织者、服务者、氛围营造者、政策提供者、资金支持者，也是产教融合与校企一体化的过程受益者。政府、行业协会通过这个过程深度了解产业发展的现状、问题，同时得到高校、企业给予政府、行业协会关于产业发展的建议、对策以及获得区域经济发展需要的人才。当然，政府、行业协会也可通过购买服务的方式共享高校及企业的高端知识要素、人力要素、技术创新要素等，与高校、企业进行合作，获得政府、行业协会所需要的专项成果。

## 第三节　产教融合与校企一体化的模式

产教融合与校企一体化是一种主体多元、价值诉求多向、关系交错复杂的合作形态，合作形式多样且机制灵活，不同历史阶段、不同地区、不同院校都努力探索适合自身的最佳产教合作模式。随着市场环境的变化、相关主体意识观念的更新、资源整合的力度以及政策推进的深度的不断加大，产教融合与校企一体化的模式形态也发生了变化，总体来讲主要包括以下几种模式。

### 一、几种产教融合校企一体化实践模式

#### （一）大学科技园区模式

我国的大学科技园起步于20世纪80年代，《国家大学科技园“十五”发展规划纲要》对大学科技园作出了以下定义：大学科技园是以研究型大学或大学群为依托，利用大学的智力、技术、实验设备、文化氛围等综合优势，通过包括风险投资在内的多元化投资渠道，在政府的政策引导和支持下，在大学附近区域建立的从事技术创新和企业孵化活动的高科技园。

大学科技园是政产学研合作的平台，在大学科技园的管理体制和运行机制的作用下，政产学研各方在园内实现协同创新。为了促进产学研各方在大学科技园中更好地合作，政府通过出台针对大学科技园的宏观指导政策和财税政策，扶持大学科技园的发展；依托大学为了促进大学同科技园的合作，通过出台灵活的聘任、考评制度，鼓励大学师生入园工作。在政府和依托大学的政策制度支持下，大学科技园通过制度创新，建立园区的管理体制和合作机制，为园内各方合作提供方便有效的制度保障。

大学科技园中的协同创新，是在政府、大学、科研院所和企业的系统配合下，政府和依托大学是大学科技园协同创新中制度创新的主体，依托大学和科研机构是大学科技园协同创新中知识创新的主体，企业是大学科技园协同创新中技术创新的主体。大学科技园中政产学研协同创新过程如图1所示。

在大学科技园的制度支撑下，政产学研各方采取多种模式进行合作，通过协同合作实现资源互补，促进技术创新。政府借助自己的信息资源优势，降低各方合作中的信息不对称，进而减小创新成本；依托大学和科研机构凭借自己拥有的大量高科技人才进行知识创新，并通过与企业合作完成知识溢出，为企

业提供创新的智力资源，并在合作中提升自身的创新能力；企业通过同依托大学和科研机构的技术购买或技术转化，提升自己的创新能力，并借助自身的市场经验和资金优势，将依托大学和科研机构输出的创新资源进行产业化和市场化，最终实现技术创新。

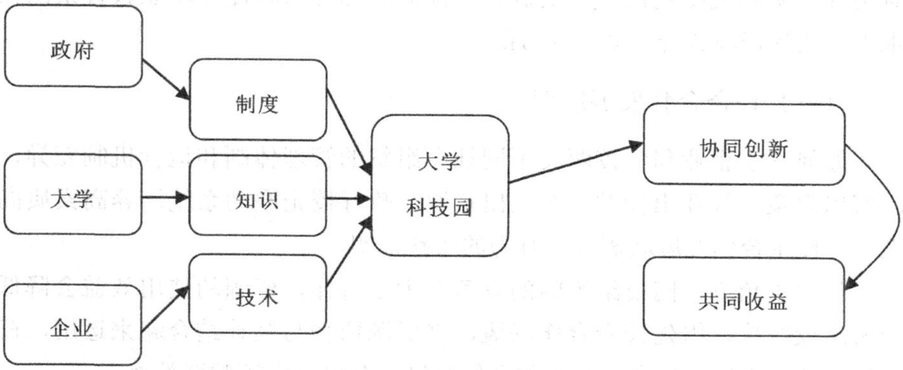


图 1　大学科技园政产学研协同创新过程

## （二）职教集团型模式

所谓职业教育集团化就是将经济学领域中的“集团化”经营模式引入到职业教育领域中，是在市场经济推动下，在职业教育领域进行的符合职业教育办学规律的体制创新。其内涵是以职业教育为核心，在采取创建、联合、兼并、合资等方式的基础上联合其他职业教育主体，由职业教育院校、企业行业管理部门、中介机构、用人单位等共同组建职业教育集团。其目的在于联合企业、依托行业、在有关中介机构的指引下，强化高校与企业之间、高校之间的联系，有效地整合教育资源和经济资源，从而实现资源共享。我国职业教育集团化办学已经有 20 多年的历史。2009 年 2 月，教育部出台《关于加快推进职业教育集团化办学的若干意见》后，职业教育集团得到了长足发展，表现出了强劲的发展势头。到目前为止已经有 30 余个省市参与到职业教育集团化办学之中，并初具规模。

职业教育集团发展对有效调整职业教育办学结构，进一步丰富、整合职教资源，减少重复建设，不断提高人才培养水平，使职业教育更好地服务地方经济，实现职业教育规模化、市场化、集约化是一条重要途径。在职业教育集团内部，招生即招工，招工即招生，进入高校岗前培训，或半工半读修满学分后颁发毕业证书。高校的学历生也可转入“双制班”，根据企业订单要求，灵活安排学习和实习、实践、生产，做中学，学中做，毕业即在职教集团内部就业。

然而，在职教集团发展过程中也存在着实际办学效果欠佳，各成员单位参与集团办学的积极性不高，职教集团的各成员单位即利益相关者的诉求难以得到满足，部分地区职教集团成为政府和学校的政绩工程等现象，因此要通过政府引导、明确集团定位、健全机制、打造品牌等措施提升职业教育集团化办学水平，达到资源整合与共享的目的。

### （三）校企合作发展联盟

如何基于企业和学校两类不同社会组织的管理体制和运行机制差异，撬动政府出政策、行业出标准、企业出资源，政行校企联动系统培养高素质高技能人才，校企合作发展联盟就是有力的实践证明。

从理论角度，同质组织间的竞争会大于合作，资源的使用效益会降低。由一所高校牵头，组建校企合作联盟，将资源依赖与互补结合起来运用，在合作过程中动态优化选择合作企业和合作项目，会提高资源配置效率。

校企合作发展联盟就是全体成员组成理事会，各理事单位均为独立法人，在理事会内具有平等地位。理事会设立由理事长、常务副理事长、副理事长、秘书长、副秘书长组成的常务理事会，下设秘书处。

联盟理事会制定理事会章程，规定理事会的职责、组织机构、理事的权利和义务、经费及资产管理办法、理事会终止办法等多项规章制度，有效保障校企合作联盟理事会机构的顺利运行。

### （四）现代学徒制

1. 现代学徒制运行机制

构建了校企“双主体”育人新机制。校企双方推动建立了一批产业学院、实习实训基地、大师工作室、产教研协同基地，在工学交替、岗位成才的人才培养过程中，同步助推企业发展。例如：学校与东湖集团成立上海城建东湖酒店管理学院；共建被教育部认定为国家级大师工作室的杏花楼集团大师工作室，企业每年出资 40 万元用于杏花楼集团学徒的学费补助、考证奖励、班级特色课程的大师费用支出以及班级各项学生活动费用支出。

通过成本共建共育机制实施，在学徒培养中，学校和企业共同传递企业文化，增强学生对企业员工身份的认同感，融入企业特色，使得学徒岗位更具有企业自身的针对性。确定一体化育人目标。校企共同制定《校企合作联合招生招工方案》，确定“招生 - 招工一体化”模式。

校企明确招生规模、学徒培育岗位，开展联合招生宣传，通过考试、面试等遴选程序，由学校、企业、学生、家长共同签订《现代学徒制学生培养协议》，明确学徒双重身份，保证学校、企业及学徒三方共同利益。学徒由学校和企业共同进行管理和培养，享受企业准员工待遇。学徒经学校与企业考核合格后颁发毕业证书，直接进入公司基层管理、技术后备，作为企业人才进行培养和储备。

①建立联合学生（学徒）招生（工）机制，主要包括招生（工）策划、宣传、遴选等工作。

②形成联合人才培养机制，主要包括确定试点专业设置方向、人才培养方案、教学组织实施、教学资源建设、双师队伍等内容。

③形成多方质量评价机制，主要负责学校现代学徒制教学、学生学习、学生在企业生产（实习）的考核，将存在的问题反馈给专业与合作企业，后两者针对存在问题完善招生（工）和专业建设内容（图 2）。

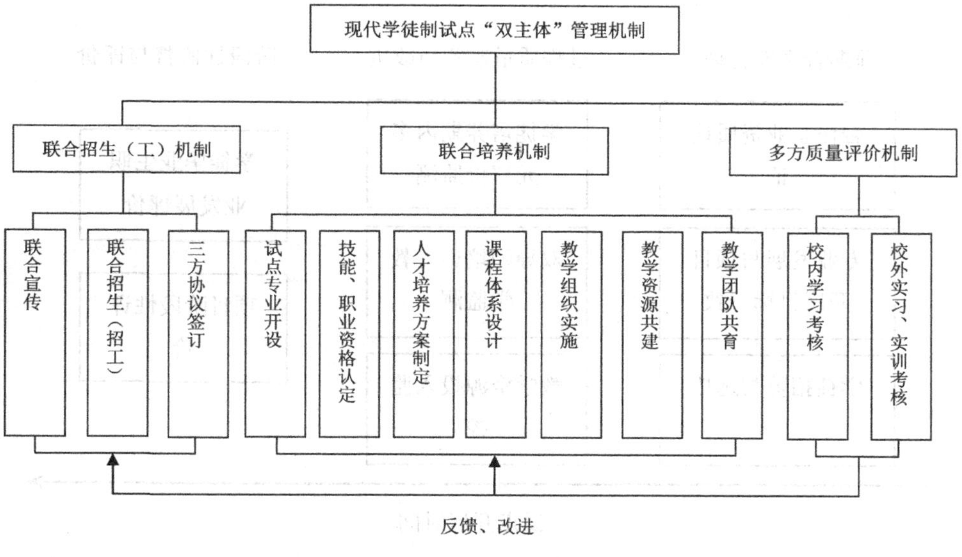


图 2 现代学徒制双主体管理机制图

2. 现代学徒制育人模式运行路径

（1）紧扣“现代学徒制”核心理念，构建特色课程体系

学校及时对接产业最新发展动向，以“双一流”建设为引领，紧跟“一带一路”国家倡议，按照“合作共赢、职责共担”的原则，校企共同设计人才培养方案，推进学校教育与岗位培养相结合的工作，实行工学交替的学习模式。

实施以“现代学徒制”理念为核心的“专业技术教育 + 岗位技能训练 + 创

新创业实践 + 核心素养融入”的课程体系，培养多元化、国际化职业人才。

（2）紧扣“现代学徒制”核心理念，共建双导师制度

建立双导师选拔、培训、考核、激励制度、奖惩制度、管理办法。实现了学校专业骨干教师进入合作企业时能胜任理论指导，企业师傅进入学校课程时能成为合格的技能型教师的目标。

（3）紧扣“现代学徒制”核心理念，建立质量保障体系和多元评价机制

试点专业围绕现代学徒制培训全过程，通过构建一系列制度、程序和方法，将现代学徒制项目人才培养质量保障活动系统化、规范化、制度化，确保现代学徒项目始终在学校制定的质量标准范围内运行，确保项目前期的合规管理，合作期间的监控和改进，而项目的质量保证阶段性绩效考核将学生的职业生涯规划与学徒的培养目标紧密结合起来，使企业和学生同时受益，从而保证现代学徒制项目的长期稳定（图 3）。

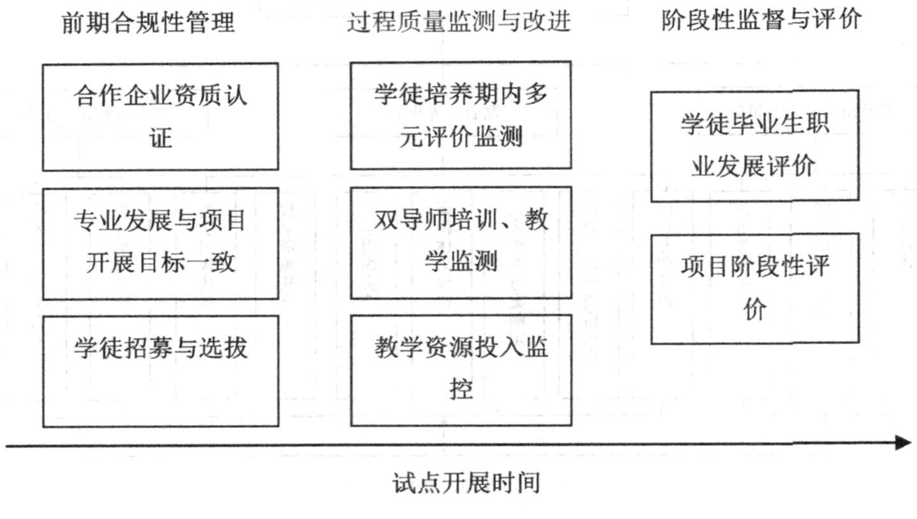


图 3　质量保障体系图

（4）紧扣“现代学徒制”核心理念，共建现代学徒制协同育人的长效机制

依托项目试点工作，校企双方共同建立招生（工）机制、教学运行机制、教育成本分担机制、质量评价机制等，校企共同实施人才培养过程管理和考核评价，用制度规范教学运行，充分保证了现代学徒制的实施效果，实现了三方共赢。

## 二、产教融合校企一体化模式创新对策

### （一）创建校企合作办学制度

高校产教融合、校企一体化办学模式的创新需要健全相应制度，主要涉及《校企合作质量评价制度》《人才引进工作管理办法》《学生顶岗实习管理办法》《国际交流与合作管理办法》与《专业建设指导委员会工作制度》等，合理安排相应人员的工作，以及明确相应人员的责任、权利与义务，形成互赢互享的激励机制、合作创建的运行机制、综合科学的保障机制、切实合理的评价机制，从而保障高校多元合作的办学新机制的良好运行。

基于此，高校才能更好地创新产教融合、校企一体化办学模式。除此之外，高校需要将师资队伍的创建作为重要任务，结合专兼职教师具备的能力及从事的岗位进行合理规划，认真落实好高校的教学办公室，明确专职教师与兼职教师的职责，从而真正促进课程资源建设与服务社会能力的提升。

### （二）共建治理结构

1. 高校需要将“理事会”作为治理结构

即学院方担任的主要职位为副理事长、执行院校与三名理事职位，企业方担任的主要职位则为理事长、副执行院长与四名理事职位。双方需要制定规范的理事会章程，明确规定议事程序、理事提案管控方式，凡是与高校办学方向、体制创新、发展规划等相关的重大事件需要通过理事会的决策与审议，且日常教学与管理需要遵循院长负责制。

2. 高校需要创建完善职能部门

分设相关办公室，如校企合作、企业发展探索、学生管理、企业人员培训与专业教学等，注重产业发展的服务，无论是课程体制设计和审核、培训信息的收集与整理、年度培训规划编制、培训考评体制还是课程的实际实行与效果评价等都需要各尽其职，通力合作。

3. 加强制度管理

为了保障各项活动的健康发展，需要在充分了解与掌握理事会章程的基础上制定合理的管理制度，如“学院章程”“培训管理方式”与“跟岗实习管理方式”等，以及有效融合教学机制、激励机制、管理机制、控制机制、监督机制。

### （三）强化校企合作机制创新建设

1. 加强实训基地的建设，产生健康发展的态势

实训基地的合理建设与健康发展的产生，需要遵循一定的教育规律及市场运行规律，高度关注与重视投资者利益，最大程度地保障投资者的利益，主动分析与研究投资主体多途径、多元化进行资金筹集，从而保障高校实训基地投入资金的安全，真正促进实现基地的顺利开展；高校需要分析与研究实训基地的模式与做法，依据实际情况创建高校提供场地与管控，企业提供技术与设备支持，从而营造良好的工作环境。

随着校企合作的深化，校内外的实训基地逐步发展为高校学生与企业员工共同学习、培训与工作的场所，促进资源互补及利益双赢的实现；在具体实行过程中，需要向社会开放现有的实训基地，真正促进资源共享。

2. 创建产学研合作委员会及专业理事会

产学研合作委员会的创建，有利于加强学院、企业、政府、科研院、行业的联系，定期分析各个行业企业的人才需求，以及论证与评议高校的重要合作项目与专业设置；科研单位、学院、企业间需要共建实训、示范基地等，以促进优势互补、共同进步发展的实现；创新与改革文化育人的形式与载体，有效渗透企业文化与职场文化，以促进产业文化、工业文化、工厂文化进教育的实现。专业理事会的创建，有利于探索新的校企合作方式。

高校可以选取部分专业进行试验，如物流管理专业、园艺技术专业等，遵循高校提供设备与师资，企业提供场地、技术、设施与人员的方式，成立专业理事会。在充分了解与掌握企业管控模式的基础上产生良好的合作办学体系，在专业理事会成立的基础上开展教学创新改革、专业建设等。

3. 强化国际沟通和合作，展开国际化办学

高校需要加强和国外院校、企业之间的沟通合作，可以选派部分优秀的教师去国外进行培训沟通、诚邀国外的优秀教师来学院讲学、派遣部分合适的学生去国外留学、创建多边沟通合作机制等，真正促进高校走向国家化教育的道路，并大量学习与借鉴海外优秀的教育资源与教育经验，为高校学生提供良好的出国求学机会。

### （四）共创培养模式

我国快速消费品大型连锁商业企业作为新型的生产性服务业，不仅发展速度较快，而且具备自身独特性，相比于传统服务业，其较为显著的特征是工作

岗位的信息化程度较高、职业活动较繁杂，所以人力资源的开发与职工团队的培训普遍受到企业的关注与重视。一定程度上说，高素质高技能人才的培养与使用潜移默化地影响着企业发展，并对企业的核心竞争力有着决定性作用。基于校企合作、工学结合的模式框架下，高校在有效结合长线专业和短期培训的基础上，逐步探索并实行了“3+1”与“专班”的人才培养模式，以更好地满足企业发展与现实用工的需求。

1. “3+1”人才培养模式

企业内部不断提倡新的理念，如创新发展理念，积极建立学习型组织，创建人才培养规划、储蓄机制、三级培训体系。为了有效对接，高校创新与实施了“3+1”人才培养模式，也就是说学生在历经三年时间的经济管理学习之后，自愿去相应企业进行长达一年时间的深造，从而将这些学生培养成支持企业文化，熟练把握一定的运营知识与技巧，可以处理一些基础的业务，胜任基层管理岗位的高素质、高技能。

①校企双方需要组建“3+1”人才培养的教育引导工作委员会，进一步明确人才培养的规则与目标，培养方案的开发，相应课程与教材的安排等。

②学院教务部门需要结合企业提倡的“发展式培训”理念全面测评学生，合理对接测评结构和“三级培训体系”，并将课程体系划分为三个层级模块，即店长、主管、员工，依据企业制定的“三级培训体系”课程设置安排合适的课程。

③结合企业制定的“职业计划手册”为学生详细讲解入职后各个阶段与各个岗位所需达成的标准，学生依据岗位胜任水平测评结果，科学制订个人就业发展计划，选取适合自己学习的模块。

④课程实行采取的是“前店后校”的模式，即学生在下半年定向分流，去门店进行实践，学习与体会企业文化、业务操作、经营理念与管理模式等；上半年在学院与企业间工学交替，从而提高全面职业能力。

⑤制定合理的评价体系，对于表现突出的学生给予一定的物质与精神奖励。

2. “专班”人才培养模式

“专班”人才培养模式，指的是为了满足信息化发展和企业发展的需求，选择定向培育的方法，有目的地培养信息化管理人才。专班学员的选择具备一定的要求，即需要从高校的应届毕业生之中选拔产生，校企双方经过协商，选派较为合适的教师进行任教，有效融合信息化管理的顶端软件操作和情景模拟，以亲身经历零售终端的管理、控制、运营的实际情况，着重培养与提升学生收集信息、处理信息、选择信息的能力。

同时，高校需要对在三个月内完成所有培训课程并考核及格的学员给予肯定，颁发相应的结业证书，使他们真正成为企业信息管理队伍的优秀成员。

# 第五章　产教融合与校企一体化的教学创新

产教融合与校企一体化教学创新主要围绕高技能人才培养模式改革的探索与实践展开，秉承教育服务理念，更新办学理念，创新人才培养体制机制，通过专业链与产业链、课业链与技术链、能力链与人才链的有效对接，进行了由校企合作、工学结合到校企一体、产教融合，再到学园城联动、产学研互促逐步深入的研究与实践，在专业内涵建设、课程内容更新、教学模式转变及课堂教学创新等方面进行了全方位的改革与探索，形成了产教融合与校企一体化的教学机制。本章将重点从专业建设、课堂建设及师资队伍建设三个角度阐述研究与实践的方法、举措及典型案例。

## 第一节　产教融合与校企一体化的专业建设

专业是高校办学的核心，良好的专业结构在社会转型期将决定学院的生存和发展。专业是高校开展教学活动的基本单元和各项资源配置的平台，也是教育内涵建设和特色彰显的主要标志，更是开展人才培养模式改革的平台和载体，以专业建设为抓手，开展课程建设、师资队伍建设、实训基地建设及教学模式改革是高校的普遍共识。

### 一、产教融合与校企一体化专业建设理论概述

产教融合校企一体化建设是职业教育共同关注、探索和研究的热点问题。职业教育的特殊性决定了产教融合校企一体化建设的必然。学校教育与企业生产仍然有相融互化的结合因子，通过机制构建维系、保障相互的利益。

#### （一）产教融合与校企一体化教育流程

产教融合校企一体化教育流程提出和建立的理念，可从流程主轴与核心要素两个方面阐述，如图 4 所示。

| 核心要素 | 一体化内聚力 | 一体化目标 | 一体化课程教学 | 一体化评价 |
|---|---|---|---|---|
| 流程主轴 | 企业教育力<br>学校服务力<br>学生发展力 | 产学共时<br>资源共享<br>课程共建<br>师资共构<br>企业共赢 | 课程范式项目化<br>课程组织多样化<br>课程时间生产化<br>课程成果产品化 | 学生满意度<br>企业满意度<br>学校满意度<br>社会满意度 |

图 4　产教融合校企一体化教育流程

从流程的主轴线递进的四个层级不难看到，校企一体化的主线仍然是教育性。在此基础上，再从校企的既得利益契约合作关系，体现出相互的包容优势的互补和利益的互惠。

流程主轴的四个层级包含着丰富的内涵，其中必须关注的核心要素有“三力”“五共”“四化”“四度”。

校企一体化的内聚力，简称“三力”，这是实现一体的前提条件。搭建校企一体化教育流程的平台，必须考虑合作企业的教育力，企业生产规模、生产效益要兼顾，更重要的是要考察合作企业所具备的承担学生培养、学生生产实训中的技术技能指导的实力。学校自身也要根据师资、专业结构、学科技术、技能优势和科研能力等衡量与企业合作中能给予企业的服务力。最根本的还要考虑学生的发展力，学生的专业性和专业能力培养是校企一体交汇的出发点和目的。

校企一体化有了共建的平台，继而需要达成合作目标，简称“五共”。教学、生产共时，要求学校的实践教学计划及安排，要结合企业的生产时性；企业安排学生的实践岗位要尽量考虑与实践教学的计划和内容相联系。技术资源共享，就是强调高职的人力、智力、研发等优势与企业的生产、技术、市场化等优势充分整合，使之成为教育与生产共享的资源。课程体系共建，就是把专业课程与具体的专业核心能力结合起来，专家与行家共同为学生制定课程。专业队伍共建，是优势互补、资源共享的重要体现，让合作专业的教师成为企业的技术顾问和新产品研发的骨干，让企业的技术师傅成为学生生产实践的指导教师，以提升校企双方专业团队的实力。校企利益共赢，是一体化所追求的最终目标。

合作目标确定后，是实质内容的分解，其中“四化”要求不能忽视。课程范式项目化，强调实践课程要将专业性融入相关的专业生产项目之中，以专业生产过程的关键知识、核心能力安排实践课程。课程组织多样化，强调实践教学并不排斥传统的课堂教学、模拟性的实训教学等，倡导课程组织的灵活性、多样性。课程实践生产化，强调专业的实践课程要突出专业生产的知识特性和技术特性，尤其在真实的生产过程和生产环境中培养学生的专业技术及应用能力，是最关键的要求。课程成果产品化，是校企一体化实践教学绩效评价的特殊要求，因学习是真实产品生产中的学习，实践性产品的质量将是评价学生学习态度和知识应用及迁移能力的重要指标评价参照体。

流程的最后层级是检测和评价。本流程依据学习主体、合作主体间的满意程度从四个维度建立评价体系。学生满意度是核心的标准，是整个流程操盘的重中之重。流程也考虑到校企一体化的多面性，提出了校企合作双方的满意度评估。另外，高校同样肩负着重要的公益服务的社会职能，校企一体化的效应不仅作用于相关联合体之间，也不可避免地会产生社会辐射及先导作用，放大高职社会公益服务功能，让更多的行业企业同享高校的优质资源，这是社会满意度的意义所指。

### （二）高职校企一体化专业建设的基本范式

有学者提出，产业要素、行业要素、企业要素、职业要素、实践要素是中国特色的职业教育必须融入的五大要素。高职校企一体化教育流程的操作体系，将五大要素类归于两大生态系统，即学校教学性生产生态系统和企业生产性教学生态系统。如前所述，在本流程教育性主导理念下的校企一体与一般校企结合的区别，就在于学校的专业实践教学，甚至校内的专业性实训教学是在生产过程（或模拟性生产、拟景式实验）中完成的，使专业性与生产性紧密结合在一起。这种变革充分体现了课程范式项目化的特征，实现了专业教学实践与专业生产实践的链接，本流程称为教学性生产生态系统。另外，因学校服务的介入和企业自觉分担育人职责的履行，企业的生产性与学生学习性生产在内容和形式上达到了高度统一，使生产职能赋增了教育性，在同样的产品中注入了不同的内涵，形成了生产性教学的新模式。

1. 校企一体化的基础平台是学校和企业

生产性教学融通于企业生产系统之中，绝不是取代或改变企业生产性质。因此，企业的生产是特定的、具体的，由此分化出众多的行业或企业，构成同类或他类的产业集群和产业链。确定了产业后，随着产品生产环节的分类，需要进而对主要技术进行分解，生产的统一性促成了相关技术的统一性，即分中有合，合中有分，形成生产技术链。技术表现的主体是相关的专业人才，这是企业生产生态中不可或缺的因素，以生产产品技术需求配置专业技术人才，人才链由此生成。同理，学校教学系统对应于企业生产链，内在的次生链也可分为专业链、课业链、能力链的节点，这是由学校教育的规律所决定的。学校专业人才培养目标的实现，首先需要专业及专业群来分担；当专业确定后，体现专业之不同或执行专业计划最重要的载体是课业，它包括大量的学科群和活动网；职业教育课业教学的落脚点是准职业人的培养，而专业实践教学的重点是职业能力的培养。可见，学校教育与企业生产的运行规则各有侧重，甚至存在着根本性的区别，对此在研究校企一体化关系中是不能回避的。

2. 校企一体化教育流程的机制建立

校企一体化中专业链与产业链、课业链与技术链、能力链与人才链就是“一体化”的连接点。开什么专业的重要依据是区域行业产业人才需求的动态和趋向；给学生教授什么样的专业知识，配置什么课业体系，则参照企业生产的核心技术及项目生产必备的理论基础知识；综合产业与技术对人才素质的要求，学校的教育教学活动进而强化学生的专业技能，提高学生的动手能力。

3. 高职校企一体化教育流程的目标是实现利益双赢

一方面，确保育人质量是流程构建的重要目的，同时也要为合作企业提供优良的服务，发挥高校人力、智力、技术、科研等优势，为合作企业排忧解难，获取更好的生产效益。另一方面，合作企业在确保计划生产和利润的同时，也应和学校共同担当育人的责任。

## 二、基于校企一体化专业建设的质量保障与评价

我国应用型人才培养已从量的扩张逐步转移到质的提高的轨道上来。近年来，我国高等教育的教学质量成为人们关注的焦点。

### （一）基于校企一体专业建设的质量保障体系

与一般专业建设质量保障体系不同，校企一体化专业建设必须考虑合作多方的责任共担、利益共赢，并依此确定各自评价的关键要素。形成由决策指挥系统、管理执行系统、监督评估系统、教学资源保障系统、教学信息反馈系统、宣传激励系统与教学仲裁系统七大系统组成，以六位一体专业导学群为架构的专业建设质量保障体系，其中，每一子系统都由学校、企业、学生、学生家长等多主体成员组成，各子系统分工明确，协同配合。

1. 质量保障体系构建原则

（1）目的性

制定专业质量保障体系，深入落实以生为本的育人理念，以提高人才培养质量、服务学生成长为主要目的。具体讲，就是专业建设中专业的定位、培养层次、课程体系及教学内容必须与学校定位相一致，与社会需求相匹配，与行业发展相兼顾。所以，构建专业建设质量保障体系时就要检验专业建设是否能达到预期的目标，与传统专业建设不同的是，还要检验是否实现了校企双赢，以保障合作的长效性和专业内涵建设的持续性。

（2）可操作性

构建专业建设质量保障体系的目的是监督和保障专业建设，使之能按照一定的流程和操作规范执行，以保证校企合作多方开展教学性生产和生产性教学。因此，在构建专业建设质量保障体系时一定要保持与实际的建设过程一致，以便运行。

（3）监督性

从高校专业建设质量保障体系现状看，由于缺乏监督性，保障体系落实不够，效果不好。所以，形成全方位的闭环保障系统，在运行的同时加以纠偏很重要。

（4）稳定性

专业建设质量是一项长期的系统工程，需要校企一体的专业建设多方长期贯彻质量方针，切实做好各项工作。这就要求专业建设质量保障体系中的指标及内涵在一定时间内保持不变。

2. 基于专业导学群的六位一体专业建设保障体系构建

坚持以生为本的理念，构建基于专业“导学群”的专业建设质量保障体系，同时配合以一年一度的学院专业评估，加强专业建设质量保障。

（1）“导学群”教学服务体系的提出

学习对象本身特性决定需要提供全方位的教学服务。高职学生本身自主学习、自我管理能力相对薄弱；特别是在互联网技术飞速发展的今天，各类网络诱惑越来越多。近年来，从学生座谈会及调研可见，学生在“希望的学习之帮助需求”中，绝大多数内容属于课程学习以外的需求

从用人需求上，需要为学生提供全方位的学习服务。在以创新为主题的当今，培养跨专业复合型人才，以及学生的创新思维、创新意识和创新能力将是教学改革的关键。为此，要更加重视学生第二课堂及课外拓展的指导与帮扶。

从教学管理上，需要为学生提供全方位的指导服务。增加学生学习的自主

权是十分必要，自主权包括为学生提供自主选择专业机会，增加学生自主选择课程、自主选择老师的比例。这些选择需要为学生提供良好的指导服务。

现代教育理念的落实，需要为学生提供全方位的“导学”服务。教育的核心是教学，现代教学要体现以学生为主体、教师为主导的理念，在加强课堂教学管理指导的同时，不能忽略信息社会的特点，因学习资源种类、途径繁多，如何选择学习资源，如何应用网络技术，也必须由专业化的队伍指导。所以，在网络环境下，“教”与“导”的分工越来越明晰，“教”应该更侧重众多资源的输送，“导”应该是服务主体围绕教学资源全面落实而采取的诸多服务方法和手段的总和。

如何更好地做好学生服务，特别是课外学习、个性张扬等方面的服务，如何充分利用互联网的平台优势，在学生指导与服务方面实现全方位、多途径、线上线下互动、实时与非实时结合，应该是未来课堂教学创新行动计划落实效果的关键因素。

（2）“导学群”的构建及运行

“导学群”必然是一个多角色一体化的运行组织，存在其工作机制及沟通协作的诸多困难。某学院于 2010 年 4 月引进了“世界大学城教育云平台”，为全员师生、合作企业相关人员开通了个人空间，为各专业搭建了专业机构平台，借助学院世界大学城教育云平台，专业导学群实现线上与线下相结合的运行模式。一方面，在大学城平台上以专业、课程为单位开设平台和空间，专业或课程负责人作为平台（空间）的负责人，将导学群的各类人员及学生组织起来，进行线上沟通、交流、辅导，开展导学群活动；另一方面，组织实质性的导学群例会活动，及时发现问题、解决问题，为学生学习提供指导服务。

（3）“导学群”的组成

横向是专业（群）制，开展专业内部服务，一个专业一个群。

纵向是层级制，分为学院级、分院级、专业级；每一层级的职能各不相同，但均围绕导学活动开展服务，一层服务一层，一层带动一层。

六位一体的组织。每个专业的导学群采取组长负责制，组长为专业带头人，成员包括专业教师、辅导员（或班主任）、教学管理员（或教学助理、秘书）、教学资源（含技术）服务员（一般由专业教师兼任）及教学对象，负责为学生拓展学习收集或整合学习资源。六位一体职能互补、分工协作，整体解决学生学习的全部需求。

（4）导学群的运行

体现线上、线下结合的学院课堂教学改革创新的特点，导学群运行采取以下两种方式。

线下例会制教研活动。将每周两次教师坐班确定为专业导学群活动时间，开展线下实质性的集体活动。

线上虚拟导学活动。充分利用世界大学城教育云平台，建立专业导学群平台和课程导学群空间，专业导学群平台由本专业各课程导学群空间组成，根据专业问题或课程问题分别为学生提供服务。

专业导学群平台由专业负责人负责将所属课程、导学群成员、本专业学生整合在一起，并负责开展导学活动；六位一体的成员各司其职，切实解决本专业学生自主学习、素质拓展、职业规划等所需。

课程导学群空间由课程负责人负责将与本课程相关的成员及学生组织起来开展导学活动，切实解决本课程学习中学生所需。

### （二）一年一度的院级专业评估

为了构建有序的专业调整和退出机制，激发办学活力，本着“以评促建、以评促管、以评促改”的原则，启动了一年一度的专业评估，对专业建设工作起到了很好的促进作用。

学院专业评估构建每年一轮的长效机制，每年3月开展学院专业评估工作。

评估对象：学院对全院所有开设3年及以上的专业进行年度评估。

评估主体：评估以专业为单位进行，对于有多个专业方向的专业，可在专业评估材料中分方向佐证。

组织机构：学院成立以教学主管院长为组长，教务处、学生处、科研处、人力资源部等部门负责人为副组长的专业评估领导小组，全面负责评估工作，负责评估方案的制定与适时调整，评估工作的组织，评估结果的公示和认定等工作。领导小组办公室设在教务处。

各分院（系）成立专业评估工作小组，由分院（系）负责人、教研室主任、专业带头人等组成。主要职责是根据学院方案组织本部门专业评估。

评估内容及指标体系：基于构建长效性的学院专业评估机制，评估要客观公正、求真务实、讲求效率，采取定量与定性相结合的指标结构，强化数据支撑，简化评估程序和工作量。

评估组织方式：评估采取各院（系）自评与学院评估相结合的方式。其中，学院评估采取分工与合作相结合的方式。整体工作由教务处牵头组织，学生处、党院办（人力）、校企合作等配合组织此项工作，学院学术委员会、院督导指导和参与。

评估结论及整改：学院专业评估着力构建长效性的评估机制，旨在通过评估激发活力，提高学院专业建设的针对性。评估结论在给出专业等级和排名的同时，应客观公正地提出专业存在的问题及后续建设的意见和建议。反馈的意见和建议需要经过学院学术委员会指导评议，以提高专业建设的针对性和明确专业后续建设的方向。各专业需根据评估结论制定相应的整改方案并组织落实，其整改效果将作为下一年度专业评估考察内容之一。

评估结论的应用：学校以专业为单位根据评估等级发放专业建设奖励经费，评估结论也是学院分配招生名额的依据。更重要的是，专业评估结束后对每个专业的反馈意见，将是专业后续建设和重点整改的重要依据。

## 第二节　产教融合与校企一体化的课程建设

2013年11月，《中共中央关于全面深化改革若干问题的决定》中首次提出“加快现代职业教育体系建设深化产教融合、校企合作，培养高素质劳动者和技能型人才”。产教融合，就是要充分发挥企业的重要主体作用。推进企业参与人才培养全过程，深化校企协同育人，推进专业教学紧贴技术进步和生产实际，有效开展实践性教学。切实规范并加强实习教学、管理和服务。“产教融合校企合作”是新时期提高人才培养质量的基本原则。

产业不断发展往往伴随着转型升级，必然会对人才的数量、类型甚至是技能的需求产生相应变化，而高等高校的校企合作产教融合的目的之一就是提升院校教育人才与企业需求人才之间的匹配程度。所以，高校一定要根据区域经济相关产业的发展要求以及合作企业对人才的需求设置专业，或者是对已有的专业进行修复重组。此外，专业的设置和修复一定要考虑经济相关产业的现状发展和需求情况，同时要避免社会所不需要的人才培养计划，以防止产生学校人才与企业需求人才不对口的情况。优化专业课程方案，也离不开校方和企业两方的信息和支持。企业可以为学校提供优化专业课程的要求，使学校根据要求有目的和有意识地进行改编课程，而学校则通过改变课程来更好地适应合作企业的要求，从而提升教育人才和企业需求人才之间的匹配度，不仅使学生从校园进入企业的过程更加顺利，还能够有效促进学校与企业之间的合作，在为学校创造更好的声望和生源的同时，也为企业提供更高质量的人才。

## 一、产教融合与校企一体课程建设的缘起

产教融合与校企一体化建设是适合当下时代特性的职业教育模式，在提升学生专业技能、优化专业结构的同时，为院校培养了“双师型”的师资队伍，通过教育事业的改变，为我国的社会发展和繁荣、行业产业升级等方面提供动力。在当下的职业教育中，越来越多的院校认可并推行这种教学模式，将产业和教育一体并行，推动职业教育的事业发展。

### （一）现有职业教育课程在产教融合方面存在不足

职业教育课程长时间以来都处于一种简化与衍生状态，如高职课程简化衍生于本科教育课程，中职课程简化衍生于高职教育课程，这样造成了职业教育课程学科化明显的特征，偏重于理论化、知识化，不利于技术技能的习得。还有一种倾向是过分强调技能动作的训练，简单重复的动作训练不仅使学生很快乏味，而且对学生综合职业能力的形成不利。这两种职业教育课程观都忽视了学生作为职业人在未来可持续发展上的诉求。

### （二）校企双方在人才培养目标上有共同的诉求

职业教育的人才培养目标是为社会各行业培养技术技能型人才。在职业教育人才培养标准和质量方面，学校和企业双方有广泛而深入合作的契合点。实践证明，职业教育单靠学校一方很难完成人才的有效培养。学校必须和企业紧密合作，汇聚产教两方面资源共同培养，才能有效保障人才培养质量。确保“学校所教、学生所学、企业所用”三方面一致，避免造成人才培养上的“供需错位”。

### （三）校企一体化课程是职业教育集团化办学的必然选择

校企合作是职业教育的灵魂。校企合作深度达到一定程度之后的发展路径是职业教育集团化办学。集团化办学以利益一致为基础，通过契约的形式组成更加广泛的合作关系，能够带动社会中的各方力量参与职业教育，在促进职业教育发展中起重要作用。在职业教育集团化办学框架下，集团内的学校和企业联系更加紧密、合作更加深化，双方在人才培养最为倚重的课程建设上有共同的利益追求，因而校企双方在共建一体化课程方面可以说是“一拍即合”。

## 二、基于产教融合的校企一体化课程建设的内涵

### （一）基于产教融合的校企一体化课程的含义

基于产教融合的“校企一体化”课程针对校企联合培养人才中的难点以产

教融合作为职业教育教学工作的基本理念，本着“行业企业指导教学，共建标准”的原则，以实现“工学结合，知行合一”为目标，做到课程标准对接职业标准。在课程建设层面，“校企一体化”课程是“对接最新职业标准、行业标准和岗位规范紧贴岗位实际工作过程调整课程结构，更新课程内容，深化多种模式的课程改革”。其秉承“教育与生产劳动、社会实践相结合，突出做中学、做中教”。着眼于增强专业教学的职业性，倡导基于工作过程导向的教学。强调提高实践性教学的实效。

### （二）基于产教融合的“校企一体化”课程建设的特征

基于产教融合的“校企一体化”课程建设打破了原有课程的学科结构，转变为能力结构；打破原有课程的学科本位，转变为能力本位；打破原有课程的以学科为中心，转变为以能力为中心。基于产教融合的“校企一体化”课程建设是校企深度合作的产物，是职业教育集团化办学的必然选择，是实现职业教育课程改革从学科知识体系向能力核心体系改革发展的方向。

## 三、专业与课程一体化建设的原则

### （一）培养目标定向的能力本位原则

应用型人才的培养目标是培养具有专业能力、社会能力和方法能力的高端技能型人才。其中专业能力注重掌握技能、掌握知识。以获得合理的知识和技能结构；社会能力注重具备从事职业活动所需要的行业规范及价值观念，注重学会共处、学会做人，以确立积极的人生态度；方法能力重在从事职业活动所需要的工作方法及学习方法，注重学会学习、学会工作，以养成科学的思维习惯。因此，应用型人才培养目标建设要体现工学结合一体化，注重能力培养。

### （二）专业内涵建设的职业属性原则

应用型人才培养的专业是对社会职业的岗位群、职业群所需的知识、技能与态度的集合，由对应职业能力设置的一组或几组课程群组成。这决定了应用型人才培养方案具有工作属性与行动本质。因此，师资、实训实验、课程等专业内涵建设要体现工学结合一体化的职业属性。

### （三）课程开发的工作导向原则

应用型人才育人课程不再是静态的学科体系显性理论知识的复制与再现。而是着眼于动态的行动体系隐性知识的生成与构建；课程也不再是一成不变。

课程开发的全新理念是使学生在课程学习过程中通过反思在经验中获得能力。课程开发是通过分析工作过程的对象、方式、内容、方法、组织、产品等行动顺序的每一个工作环节来构建课程内容和确定课程排序，组成能实现实践技能与理论知识整合的行动教学内容。因此，课程开发要遵循工作导向原则。

### （四）师资队伍建设的一体化原则

应用型人才培养不应仅传授理论知识，更重要的是培养学生具有很强的职业素养和实际动手能力，使学生成为高素质、精工艺、懂管理的社会需要的人才。要求师资队伍建设必须走一体化建设的道路。其一是专兼结合教师一体化。因为兼职教师的聘用不仅可以加强学校的师资队伍，而且可以发挥社会高层次人才对学校专业建设、学科发展及教学、科研水平提高、青年教师培养等方面直接或潜在的作用。他们不仅具有相应的专业知识和工程师等证书，并有相当长时间的企业工作经历，而且还能把企业的生产、经营、管理及技术改进等方面的最新情况与学生所学的内容紧密、及时地结合起来，真正体现理论联系实际，让学生学以致用。其二是教师本身的理论与实践一体化。高职教育培养的学生是高技能人才，这就要求教师不仅有较高的理论水平，同时也应具备较高的技能水平，只有这样才能实现高校的培养目标。

### （五）教学方法改革的行动导向原则

教学模式突出做中学的过程教学，通过行动来学习，强调行动即学习。这里的行动是指有目标的动作行为和心智行动的整合。行动导向的学习强调学生是学习过程的中心，教师是学习过程中的组织者与协调者，教学互动过程遵循“资讯、计划、决策、实施、检查、评估”这一完整的行动序列，让学生在独立获取信息、制订计划、实施计划、评估计划等“动手”实践中掌握职业技能，习得专业知识。

### （六）学习环境建构的情境建设原则

应用型人才培养强调过程性与经验性知识的习得，与具体情境紧密相关，这使得职业教育的教学应以情境教学为主，向项目法、案例法、仿真法、角色扮演法等新教学方法转变，要求教室、实验室和实习基地建设也必须围绕职业情境的创设作出创新变革[48]。传统的描述性、报告性的传授型课堂，要向多功能一体化的兼有理论教学、小组研讨、实验实训和生产操作的“教学工场”或生

48 张宁东．校企合作工学结合新课程体系改革与实践：国家示范性高等职业院校教改成果［M］．南宁：广西科学技术出版社，2009.

产车间、技术中心转换。开发与工作过程导向相适应的学习与训练情境成为课程建设的一大重任。

（七）教学评价改革的职业胜任原则

应用型人才培养强调以人为本的整体性评价观，在指导思想层面，重视对学生能力高低认定的主导观念，既关注结果性评价与过程性评价，也关注同一性评价和特质性评价，同时还有终结性评价与发展性评价。实际评价的实践办法，是通过健全突出职业能力与素质考核的评价标准，使实践与理论结合、仿真与现场结合、结果与过程结合、动态与静态结合、专业成绩与能力评估结合等。

（八）教学管理的弹性学制原则

根据“校企合作、工学结合”的人才培养模式，要求教学管理能按弹性学制进行，强调与工作过程导向的课程教学相适应。弹性学制在学籍管理、学分互认与积累、工学结合修读课程等方面，要求课程安排必须具有开放性和弹性，突出以人为本的设计和管理精神。教学安排满足工学结合的灵活需要，教学内容与教学组织必须在一定程度上满足学生自主选择学习内容、时间、方式、地点的基本要求。

## 第三节　产教融合与校企一体化的师资队伍建设

在师资队伍建设中，必须树立“队伍建设服务专业建设，专业建设促进队伍建设”的理念，建立人才引进和培养机制，全面实施“以人为本、人才兴校”发展战略，构建和谐社会新的教师管理模式，建立有利于人才成长和展示的运行机制，完善和优化教师队伍结构，努力开创教师队伍建设的新局面。

### 一、建立产教融合型师资队伍的理论基础

产教融合与校企一体化师资队伍的改革最应注重的是教师实践能力与教学能力的融合，在一定激励制度的刺激下将教师社会实践能力的提升贯穿于其教学职业发展生涯的每一个阶段。以教师职业生涯发展阶段论、双因素激励理论作为研究的理论基础。

（一）教师职业生涯发展阶段论

埃里克森的人格发展八段论把人一生的心理发展过程总结为了八个阶段，

每一阶段对应的年龄段会表现出不同的心理特征，同样，教师作为一项社会职业，也存在着不同的阶段，每一阶段呈现出不同的规律和特点。教师职业生涯发展阶段论旨在揭示教师整个职业生涯发展过程中所呈现出来的阶段性特征和发展规律的理论，这是在充分考虑人的生命周期和职业周期的基础上所得出的一种理论。

不同学者对教师职业生涯发展阶段持有不同看法[49]。最早开展研究的是美国学者富勒所提出的教师关注阶段论，她认为教师关注的事物不是一成不变的，遵循着一定的规律：首先是职前关注阶段，教师关注的是自身能否适应并很快地的胜任这份工作；其次是教学情境关注阶段，教师在适应了新的工作环境后，便把关注的重点转移到了课堂教学表现、学生成绩是否有提高的相关问题上；最后是学生关注阶段，进入到该阶段说明教师顺利通过了前面两个阶段，已经拥有稳定的生存环境，取得了优异的教学成果，此时开始关注学生个体之间的差异。富勒的三阶段论为教师职业生涯发展阶段理论的研究打开了突破口。休伯曼根据教师工作的工龄，将教师职业生涯划分为了五个阶段：入职初期、平稳期、能力建构期、关系平缓疏离期、离职期。在此基础之上，费斯勒认为教师的职业生涯是动态发展的过程，1985 年他提出了教师生涯发展循环理论，将教师职业发展分为了八个阶段：职前教育阶段、引导阶段、探索转变阶段、热心和成长阶段、生涯挫折阶段、平静和疏离阶段、生涯低落阶段、生涯退出阶段。与前人的研究相比，费斯勒提出的理论更加科学和完整。

通过对教师职业生涯发展阶段论的梳理，在建设师资队伍时，不仅要符合应用型大学的办学特色，更应遵循教师发展每一阶段的规律[50]。教师教学能力和实践能力的融合不是一蹴而就的，需要结合教师的职业生涯发展阶段进行逐步提升，如在教师招聘阶段，他们处于求职的过程，希望拥有一份满意的工作，这时学校更应重视教师的社会实践经验，是否有过企业工作经历；在人才引进阶段，要从多渠道吸引优秀人才的加入，如知名学校、企业、科研机构等；在职前教育阶段，他们对教师这一职业还处于想象阶段，此时加强教师产教融合的意识会得到较好的效果；在教师入职任用阶段，教师倾向于关心课堂教学和实践效果，希望得到认可；在在职进修阶段，他们已不满足于先前的教学和实践水平，对提升自我有更高的要求，学习欲望较强。总之，应用型大学产教融

49 张文辉.《普通高等学校辅导员队伍建设规定》贯彻实施与辅导员职能、培训、聘任及考核测评手册 上[M]. 北京：中国高等教育出版社，2006.

50 教育事业改革创新与均衡教育发展编委会.教育事业改革创新与均衡教育发展[M]. 北京：经济日报出版社，2016.

合型师资队伍的建设不是一句口号，应体现在教师职业生涯发展的每一阶段、每一环节。

## （二）双因素激励理论

双因素激励理论（dual-factor theory）同时又叫激励保健理论，它包含激励因素和保健因素，最早是于20世纪50年代末由美国心理学家赫茨伯格提出的。在他看来，影响工作满意程度的因素是多方面的，其中，使员工感到自我价值的实现并能激发工作热情的内在因素属于激励因素，比如工作上被赏识和认可、工作能给人成就感、有提升自我的机会、发展空间大等，如果员工认为工作中缺乏激励因素的话，会极大地降低工作积极性[51]；造成员工对工作不满的外在因素则属于保健因素，如薪资福利、人际关系、工作环境等，如果这些使工作不满的保健因素得到了改善，那么员工对工作消极懈怠的心理也会得以缓解。所以，赫茨伯格认为，从本质上看，激励因素和保健因素都是使工作令人感到满足的关键因素，要想调动员工工作热情和工作积极性，就需要在这双因素上下功夫，既要满足员工对工作的外部条件，同时又要满足对工作本身的要求。

师资队伍的建设需要重视双因素激励理论所起的作用。在激励因素方面，为发挥出教师队伍的内在整体能动性，应用型大学必须通过设定明晰的队伍发展目标来实现，队伍发展的共同目标越明确，教师所被激发的潜能和个体能动性就越大[52，53]。除此之外，有必要促使教师提升自身各项能力、努力实现自我价值，如通过科学合理的考核制度、晋升办法和职称评定等，刺激教师形成工作的动力，使教师感受到工作本身带来的成就感和荣誉感；在保健因素方面，高校应通过间接条件的满足以消除教师对工作的消极情绪，比如改善工作环境和氛围、加大科研经费投入、保障教师个人生活等，实施正确的薪酬制度来提升产教融合型教师的教学和实践能力，让教师从被动的产教培训转变为主动的教学与实践能力的学习。

---

51 刘建强，刘来，陈建芳．应用型本科院校绩效管理研究[M]．湘潭：湘潭大学出版社，2017.

52 （美）弗雷德里克·赫茨伯格·赫茨伯格的双因素理论[M]．北京：中国人民大学出版社，2009.

53 汪文婷．我国应用技术大学双师型师资队伍建设研究[D]．哈尔滨：哈尔滨理工大学，2015.

## 二、建立产教融合型师资队伍的意义

随着我国“双一流”建设高校名单的公布和其他重大教育项目的实施，关于地方本科院校发展的问题再次突显出来，一大批地方本科院校即将或正在向应用型大学转型，开展校企合作，深化产教融合，以培养高层次的应用型人才。在转型过程中涉及的因素是多样的，如人才培养目标、教学理念、教学方法等等，这些都离不开教师群体的作用，他们不仅要承担教书育人的一般性功能，同时又需要掌握丰富的实践技能和前沿性的行业信息，能够与行业企业进行技术创新、产品研发、课题研究等一系列面向市场、面向产业、面向行业的活动。这就需要应用型高校对其师资队伍自觉进行改革，形成既能符合高等教育要求同时又能适应企业生产需要的产教融合型教师队伍。因此，有效促进高校教师专业发展、提高教师的实践操作水平和教学水平的同步发展，形成一支集教学能力和实践能力于一身的产教融合型师资队伍是促进地方本科院校转型发展的关键，也是发展应用型高校教育体系、深化产教融合的重要内容。

### （一）有利于加强产教双向互动

产教融合，顾名思义是产业系统与教育系统双向整合的动态过程，学校和企业通过互动联通来共同推进产教融合的发展，形成满足双方需求的利益共同体[54, 55]。教师群体是应用型大学推进产教融合中的关键者，也是高校与行业企业相结合的中间纽带。应用型高校建立产教融合的师资队伍，有利于加强产教双向互动性。主要体现在三个方面：第一，高校将一些从学校毕业就直接留校任教的教师送到专业对口的行业企业进行挂职锻炼，可以加强教师与企业的结合，提高教师的实践能力；第二，高校从企业和学校引进一批具有应用型人才教学经验和一定实践经验的高水平教师来校教学，不仅有利于教师掌握行业先进的技术，而且有利于教师通过专业的理论知识为企业解决生产难题；第三，高校邀请行业大师、企事业单位优秀工程师或管理者进校，不仅能使其参与高校育人的动态过程，还能加强学校教师和企业技术人员间的交流与合作，双方通过积极的学习互动，有利于使理论与实践互相渗透。所以，建设一支产教融合型师资队伍可加强高校与企业双向互动式合作，促进校企双方、产教双方共同发展。

---

54 彭梦娇．应用型本科高校产教融合的研究［D］．重庆：重庆师范大学，2016．

55 曹丹．从“校企合作”到“产教融合”：应用型本科高校推进产教深度融合的困惑与思考［J］．天中学刊，2015，30(01)：133-138．

### （二）有利于拓宽师资来源多渠道

“重科研，轻实践”一直都是我国高等教育发展过程中的存在的问题，导致高校聘请的大部分都是从学校毕业就直接留校任教的教师，缺乏社会实践经验，造成教师来源单一。据有关调查显示，80%以上的教师从高校毕业后直接上讲台，有的学校甚至高达96%，使得师资队伍实践能力偏低，这类教师在指导学生动手实践时显得力不从心，在应用型大学中这种问题更为突出。应用型大学作为以产业需求、学生就业需求为导向的高校，要想培养出高层次的应用人才来服务于地方经济的发展，不仅要在学校机构设置上设立校企合作处、实训基地等，也要在师资力量上做到“产”“教”的深度结合。除校内的理论教师外，还需注重聘请来自企业生产前线、事业单位管理一线等实践技术水平高的专家来校传授新理论、新技术、新工艺、新方法、新规范。所以说，这有利于拓宽教师来源的渠道，增强师资队伍的多元化，做到将理论与实践并重，提高了教学质量，也为高素质应用型人才的培养提供了有力保障。

### （三）有利于实现学生就业为导向

地方性作为应用型本科高校的基本属性，规制其服务范围、发展目标和发展路径，这一属性要求应用型大学要围绕地方经济发展，培养出行业背景突出、综合技术技能好的高层次的应用型人才，使学生具备从事相关行业所需的实践能力、理论知识和综合素质。因此，应用型高校有必要根据目前市场或企业需求对其学科建设、专业设置等方面进行改善与调整，形成与专业对口岗位职业需求能力所相应的教学模式。所以，应用型大学从师资力量出发，建立一支严格适应企业需要，以实践能力为本位，以岗位需求为标准的教师队伍，是实现学生就业为导向的前提与基础。教师仅有丰富的专业知识和学术水平，没有较强的实践技能，不了解企业的生产情况或者仅有很强的实践技能，不懂得高等教育的本质规律和教学方法，都是担当不起应用型高校教育的重任的。应用型大学建立产教融合型师资队伍正是这两方面素质在一个人身上的集中体现，只有这样的教师才能逐渐满足高校对其专业课教师的基本要求，这样的教师培养出来的学生才能快速适应生产力的发展，满足社会的用人需求。

## 三、建立产教融合型师资队伍策略

基于对应用型大学构建产教融合型师资队伍的意义的探讨，并针对湖北省应用型高校联盟中师资队伍建设的实际情况和存在的问题，结合被选入“十三五”应用型本科产教融合发展工程中师资建设的成功经验，以下将运用教师职业生涯发展阶段论和双因素激励理论，从强化教师职前社会实践意识、重视教师在职实践能力提升、完善教师职后考核监督工作三个阶段提出建议，以期将产教融合能力贯穿于教师的整个职业生涯中。

### （一）强化教师职前社会实践意识

随着越来越多的地方本科院校向应用型大学转型，高校深化产教融合，推进校企合作之路也愈演愈烈，若要在同类型院校中取得突出成绩，处于领先位置，那么就必须重视人才在办学中的地位，通过实施人才强校战略，走出一条师资建设的特色之路。其中最为关键的一点便是要在教师入职前就确保其质量，从源头上把控好教师进口关。

1. 明确产教融合型师资定位

各高校为了在同类型院校中脱颖而出，办出特色，并发挥示范引领作用，首先就应对自身的师资队伍有明晰的定位，想要建设一支怎样的教师队伍、哪种类型的师资队伍是适合且有助于学校发展的，是每所高校在办学过程中应思考的问题。同样，应用型大学的发展也离不开这样的问题，所以应首先厘清师资定位，然后去聘任和培养符合该定位的教师。在《关于深化产教融合的若干意见》中，文件明确指出我国高等教育的改革与发展应建立在深化产教融合的基础之上，它决定了当前应用型人才的培养的质量。同时，由于大部分应用型大学是由地方本科院校发展而来，所以为解决其转型的遗留问题，应用型大学有必要结合当前产教融合的政策背景，对其办学定位、人才培养、学科建设、科学研究等方面作出全方位的改革，尤其要对其师资队伍进行重新定位。应用型大学的教师定位是有别于研究型大学和高职高专院校的，研究型大学关注的是教师的学术科研能力和教学能力，以培养出高水平的学术研究型人才；高职院校是以培养动手能力强的面向产业一线的技术型人才为目标，注重的是教师的实践经验和动手能力；而应用型大学的人才培养目标则是研究型大学和高校的系统整合，培养的是集专业理论知识和产业实践能力于一身的应用型人才，所以作为培养学生直接作用者的教师，必须要将教学科研能力和社会实践能力融于一身。

在这一点上，政府可通过政策文件来引导对产教融合型师资的重视。学校一方面在招聘教师时要重点关注应聘教师的实践生产能力，严格要求教师的社会实践经历，另一方面学校要加强舆论宣传工作，定期或不定期宣传“双师型”教师的突出成绩和先进事迹，成为其他教师的学习楷模。同时，教师自身要有严格要求自己的意识，均衡发展社会实践能力和学术科研能力，提升自身创新力。

2. 大力改善师资队伍结构

科学合理的师资队伍结构是维持大学可持续发展的重要保障，在一定程度上决定了教师队伍的整体素质。为解决目前应用型大学师资队伍结构失衡的问题，可以从以下几方面入手。

①优化师资年龄结构。应用型大学师资上存在“少多老少”的现象，以青年教师居多，中老年教师偏少，中老年教师是高校发展的中坚力量，关乎师资队伍建设的质量。首先，学校要转变“教师队伍年轻化”“重青年轻中年”的传统认识，在引进教师时，应拓宽招聘渠道，从各行各业中重点引进实践经验丰富、专业知识扎实的领军人物；其次，增加对中年教师的经费投入，由于大部分青年教师是从学校毕业后就直接站上了讲台，所以在聘任他们时学校没有报酬压力，导致招聘的青年教师过多，优厚的待遇有利于吸引中老年教师的加入。

②提升师资学历结构。针对教师队伍存在低层次学历结构占比大，高层次学历占比少的问题，第一，在招聘教师时，提高教师学历标准，把研究生学历作为教师的基本要求，坚持以博士毕业生为主；第二，支持校内教师提升学历，鼓励本科学历的教师积极考研、硕士学位教师攻读博士学位，在课题申报和职称评定时向高学历教师倾斜，以鼓励低学历教师积极参加学历进修。

③平衡师资专兼职结构。对于校内专任教师远远多于企业兼职教师的情况，学校应该加大聘请专业技术人员进校的力度，如拓宽兼职教师的聘请渠道、深入各行各业与高级技术人才接洽，以建立一支兼职教师数量充足的师资队伍。

④完善师资职称结构。因为高级职称教师不多，所以高校要树立对低职称教师的培训和帮扶意识，以高扶低、以老带新，帮助低职称教师提高教学和科研能力，为晋升打下坚实基础。

3. 规范校企教师入职标准

应用型大学要成功建立一支产教融合型的师资队伍，最首要的一点就是从教师源头入手，严格教师聘任标准。规范、严谨的教师入职标准是确保高校能吸纳高质量、高水平教师的关键一招。

一方面，在聘任学科专任型教师时，学校要转变重教学科研轻实践的观念，招聘不能只凭论文数量、刊物等级、课题项目一概而论，这种标准会使得所聘任教师出现同质化倾向，造成学校迷失了办学特色和师资定位目标。所以教师入职标准要从重教学科研转向实践、教学与科研三位并重，严格要求应聘应用型大学的教师技术技能，如必须具有至少一年的社会实践经历、亲身从事过专业所在领域的生产过程等，甚至可以对企业实践经验丰富的专任教师放宽入职标准，以弥补师资实践能力薄弱的缺点。

另一方面，在聘任企业兼职教师时，要提高准入门槛。虽然他们在自己的专业领域有着较强的技术资格，但仍要重视他们的文化素养和职业道德，考察他们是否对进校教学工作有极高的热忱，而不是单纯为了增加收入，以及为人处世是否符合高校行为规范，不能为了聘任而聘任，做到层层严格把关，形成师资队伍高素质的良好氛围。

### （二）重视教师在职实践能力提升

为使应用型大学更好地将产业知识与教学知识完美结合，其教师队伍不仅需要具备卓越的学术科研水平，同时还要拥有优秀的实践教学能力，并且要将这样的能力完美融合在一起，那么就必须在教师任用阶段加大人才培养力度，提供多样的实践和进修渠道，引进优秀的企业大师，不断强化教师的实践力量。

1. 加大人才培养力度

随着社会的前进与发展，人们对教师的要求也越来越高了，其过去的知识储备和实践经历已经不能满足学生的需求和教师自身的发展需要了。所以，即使教师已经通过准入门槛，在职期间学校和老师也必须具备时刻加强教师专业发展的意识，加大教师培养力度，与时俱进，这样才有利于教师、学生和学校的长远发展。

首先，学校要重视教师的学历提升，将教师的在职学历提升方案纳入制度体系中，为教师自我提升提供制度支撑。鼓励青年教师境内外攻读博士，扩大可参加名额，要求未获得博士学位的教师至少报名参加一次，将国内学习与国外进修相结合，加快培养一批学科带头人和骨干教师，拓宽教师国际化视野，由于教师时间和精力有限，在职期间参与学历提升教师的工资、校内津贴、福利及参加专业技术职务评聘等待遇要与在职人员相同。若进修教师成功取得了博士学位，可全额报销教师学习费用，并将其学习经历纳入年度考核工作中；若教师参与学历提升，但中途放弃或未能取得最终学位，也应受到一定的处罚，如只报销部分费用或不予报销。利用奖惩结合的方式，鼓励教师参与学历提升，提高教师队伍专业水平。

其次，针对目前师资建设存在实践渠道单一、“双师型”教师不足的问题，学校应制定专门的教师赴企事业单位锻炼办法，或者在校内设置专业的实践训练中心。一方面，在要求教师进企实践锻炼上，应提供多种企业类型、多种岗位，教师可根据自身学科特点和所欠缺的能力来自主选择适合他们的企业和岗位，不仅使教师能“对症下药”，也能提高他们的工作热情。除此之外，因为应用型大学是以实践教学为主的，所以必须严格规定每年需从校内选派30%～50%

的“非双师型”教师参与锻炼，且应以脱产学习为主，连续锻炼实践不少于两个月，累计锻炼时间至少一年，并由企事业单位管理者形成教师实践期间评价报告，掌握教师在此过程中的实际锻炼情况，一年的锻炼结束后，可要求这一批教师参与技术资格认定,以了解他们是否真正掌握了专业生产技术,并提高“双师型”教师比例，将所收获的实践知识更好地运用于学生的培养工作中。另一方面，学校也应该积极建立校内教师训练中心等实践性机构，加强对教师应用技术能力的重视，并为这类机构聘任专门的工程人才和行业大师进行管理和指导工作，配备专业的实践器材，引入 AR、VR 技术，通过情景模拟使教师在校内也能进行技术操作，避免因进企锻炼后长时间未操作而有所生疏。

2. 加强人才引进工作

引进高水平高层次人才，对提升学科实力、加强学科团队实力建设，意义重大。高校在人才引进上必须拓宽人才引进渠道、扩充人才引进类别、创新人才引进方式，形成各类人才“引得来，留得住，用得好”的良好格局。学校可以要求各学院从事业经费中单独拨出一部分资金,用来设立人才引进专项经费，通过优厚的福利待遇，吸引优秀学术人才和技术人才的加入，打造一支符合应用型大学特点的产教融合型师资队伍。

在引进对象上,主要分为两大类,一类是重点引进学科带头人等高层次人才，他们在学术领域具有一定的权威性,尤其是针对一些重点学科建设的急需师资，有利于夯实人才队伍基础，提升学科竞争力，缩小应用型大学与研究型大学在学术发展上的差距；另一类是要引进国内外工程实践能力强的企业知名技术专家，让越来越多的技术精英走进校园，强化师资队伍的实践力量。应用型大学若想在推进产教融合工作中作出成绩，必然离不开大量卓越工程师的参与和指导，由引进来的工程人才来管理校内教师训练中心，定期更新专任教师的应用技能，让校内每一位教师都能及时掌握国际前沿技术，更快地与专业理论知识相结合，从而培养出能适应当前市场需求的应用型人才。

在引进办法上，学校应拓宽人才引进渠道。一方面，学校要主动走出去，进入重点高校和知名企业中去,积极与高层次的学术人才和工程人才交流接洽，将学科领军人才和有精湛技能的人才引进学校。另一当面，学校可充分利用现有资源，利用已被引进人才的人脉关系，通过他们的介绍和推荐，去接触更多同类型的优秀人才,将高层次人才的社会关系网作为学校人才引进的渠道扩展，实现“以才引才，以才聚才”。

### （三）完善教师职后考核监督工作

所谓无规矩不成方圆，建立一支符合要求的产教融合型师资队伍，不仅要加强其职前社会实践意识、重视教师在职实践教学能力提升，更应制定严格的教师职后职称评定标准、考核评价体系和激励保健机制，并通过对教师的监督管理加强校企双方的深入合作。

1. 职称评定体系合理化

目前，我国高校在教师职称评定标准上，起决定作用的仍是教师在学术科研方面是否有突出的成绩，如发表的论文数量和刊物级别等，但应用型大学的职称评定应突出办学特色，强调教师实际科研水平的同时，也要重视教师的实践能力，将教师的产教融合实践教学活动，作为职称晋升的必备条件，如进企挂职锻炼一年以上、帮助企业解决技术难题等经历，而不是只以论文为重，要形成由学术能力、实践能力、道德素质等要素构成的专业职称评定体系。除此之外，要鼓励教师积极参与“双师型”教师的评定，对获得双师资格认定的教师进行物质奖励，来调动应用型大学“双师型”教师的能动性。

2. 考核评价制度专业化

专业的教师考核评价体系是高校发展的内在要求。由于应用型大学主要由专业理论教师、实践指导教师和“双师型”教师三大类组成，所以在考核其教学与实践工作时，也应采取不同的评价标准，做到客观、公正，使考核结果更具专业性和针对性。首先，在考核专业理论教师时，要打破按资历辈分决定考核分数的错误观念，坚持“校内教师社会实践至少一年”的原则不能动摇，且对在学术上有所建树的青年教师、参与社会实践成效明显的教师可予以一定的考核加分；其次，在考核实践指导教师上，因为大部分是企业兼职教师，所以要定期与教师所在企业单位联系和沟通，重点考核其实践技能水平、指导积极程度、教学热情和基本文化素养等，避免出现指导匮乏、教师队伍素质水平低的现象，建立起行之有效的实践教学指导教师工作考核机制；最后，在考核“双师型”教师时，不仅要对教师的学术科研能力提出更高要求，还要严格考核其实践操作水平，大力表彰考核结果排名考前的双师教师，通过树典型、立榜样的方式，鼓励其他类型教师朝着“双师型”教师方向发展。

3. 激励保健机制健全化

在完善师资队伍建设时，要重视双因素激励理论的作用，建立健全高校教师激励保障机制，以推进高校实现产教融合工作，必须使教师们的需求得到满足。健全激励保障机制是指在维持教师既定工资待遇和工作环境的同时，激发教师工作的意愿强度，所以不仅要满足教师的物质需求，更要满足教师的精神需求，积极出台必要的激励政策。

（1）在激励因素上

要让教师们看到自我价值在工作中的实现，充分给予其提升能力的机会，尤其是社会实践能力，每年评选出具有优秀实践教学能力的教师，获得该奖项的老师可优先晋升或进行课题申报，并通过舆论宣传使他们觉得被赏识和尊重，获得成就感和荣誉感，以此刺激教师工作积极性的提高。

（2）在保健因素上

对于高层次人才，除了要满足教师们基本的生活需求外，还应为他们提供良好的工作环境和氛围，购置先进的实践设备和器材，配备专业的实践指导教师，并加大教师住房补贴、子女入学、配偶安置等福利方面的支持力度，逐步消除教师对工作不满意的情绪。由此，通过激励因素和保健因素的双管齐下，为应用型大学产教融合型师资队伍的建设提供有力的保障。

4. 校企双方教师合作深入化

校企双方要想进行深入合作，除了要提高双方参与的积极程度外，更要重视互相监督管理的作用。实施一定的监管制度有利于加强校企合作的积极性，提高企业的参与积极性，共同保证校内教师与企业大师产教融合工作的积极运行。

一方面，企业需设立专业管理人员进行监督与评价，不仅要监督企业技术人员是否全力配合学校工作，更要监督其对学校教师的指导程度，企业实施一定的监督工作不仅有利于加强对技术人员的管理，还能使教师受到更专业的锻炼。

另一方面，学校也应成立相应的监督部门，该部门在监督校内教师是否按时保质参加锻炼的同时，也应对企业的配合情况予以客观评价。双方通过互相监督管理形成合力，在加大校企双方融合力度的同时，加快教师产教融合能力的形成。

首先，可以由双方监督管理人员向对方的参与者发放实践指导反馈表，通过对反馈信息的分析总结，除了可以从校方教师角度了解到企业技术人员在指导过程中的不足之处及教师对实践锻炼的具体要求，如企业指导人员数量是否充足、技术是否过关等，还可以从企业角度得知校方教师锻炼的详细情况，如教师参与互动是否积极、与指导人员是否交流频繁、从锻炼初期到锻炼后期教师的技能水平是否显著提高等等，这些都是双方合作的真实反映。

其次，双方监督管理部门定期或不定期地召开交流会议，及时获取校企合作的开展情况，对各自存在的问题作出及时的调整和改善，并合理规避可能出现的合作风险，只有这样才能让学校和企业产教融合的工作不再浮于表面。

# 第六章　产教融合一体化育人模式的构建路径

深化产教融合是应用型本科院校教育的必由之路。本章从三个部分展开论述，第一部分分析应用型本科院校实施产教融合的现状；第二部分针对存在的问题，提出解决的路径与方法；最后，应用型本科院校协同育人模式改革与实践创新发展路径研究关键还是要“解放思想”，要不断深化人才培养模式改革、课程改革，创新产教融合实践教学平台，加强师资队伍建设，要创新课程体系，要在实践中不断完善育人体系。

## 第一节　高校产教融合的改进路径

产教融合模式的实施需要融合社会多方资源和力量，首先，在教学经费上，要加强财政投入渠道的拓展，从而提高应用型本科高校的整体教学条件；其次，健全产教融合课程质量评价指标体系，并将学生终身发展能力、对区域产业发展支撑能力作为评价一级指标；最后，要在政府扶持政策和支持行动的基础上，促进高校与产业经济的联动发展。

### 一、经费方面

经费在个人和组织的生存和发展中扮演着越来越重要的角色，个人或组织一旦没了经费，就会丧失在现代社会生存的砝码。同样，没有足够的经费支持，应用型高校产教融合动力好似无源之水，无法流长。

#### （一）应用型高校办学经费有限

应用型高校办学规模小，服务社会的能力差，办学经费主要源于地方政府。办学经费有限，很难为深化产教融合提供充足的动力。2016 年，部属高校的经费预算达到上百亿，一些规模较小的人文社科类部属高校的经费预算也达到了十亿左右。地方重点院校的经费预算一般在七八亿，也有达到十亿的，应用型高校的经费预算基本不超过七亿，通常为两三亿，经费从源头上决定着高校可以调动的人力、物力、技术等资源，应用型高校“囊中羞涩”的现实，直接导致其在深化产教融合的过程中被处处掣肘。

### （二）产教融合缺乏教育专项经费支持

《指导意见》在高校转型的“配套政策和推进机制”中鲜明地指出，加大对高校转型试点的经费支持。各地可结合现实状况，完善相关财政政策，对改革试点统筹给予倾斜支持，加大对产业发展急需、技术性强、办学成本高和艰苦行业相关专业的支持力度。建立以结果为导向的绩效评价体系，中央财政根据改革试点进展和相关评估评价结果，通过中央财政支持地方高校发展等专项资金，适时对改革成效显著的省（区、市）给予奖励。然而调查发现，很多应用型高校并没有获得相关的教育财政专项经费。有消息指出，河南省、山东省分别安排了两亿和一亿的高校转型发展专项经费，广西壮族自治区将筹措建设经费八亿多，启动高校转型发展应用技术大学试点工作。调研的多数应用型高校并没有获得政府的专项经费。理论上讲，实践型人力资源的培养可能比学术型人才和技术技能型人才的培养更耗费资源，因而需要更多的经费支持。应用型高校多属于省市级政府创办的高校，其教育经费本就有限，现要推进其深化产教融合，缺少经费的保障。

《指导意见》指出，鼓励应用型高校健全多元投入机制，积极争取行业企业和社会各界支持，优化调整经费支出结构，向教育教学改革、实验实训实习和“双师双能型”教师队伍建设等方面倾斜。许多应用型高校也通过项目立项等形式设立了专项经费，但这些经费数额有限，无法为应用型高校深化产教融合提供有效支撑。

应用型高校的二级学院是深化产教融合的改革试点和实施主体。深化产教融合，要求二级学院在学科专业调整、课程开发、教学改革、实验实训实习基地建设、“双师双能型”教师队伍建设等方面实施综合的系统改革。不幸的是，经费的不足使许多在改革之初意气风发的二级学院，在真正推进改革的时候往往步履蹒跚。

### （三）企业没享受到减免税收优惠

在推进校企合作方面，许多学者提出以减免税收的方式鼓励企业主动与高校合作。2007 年，国务院发布的《中华人民共和国企业所得税法实施条例》第五十二条规定：企业发生的公益性捐赠支出，不超过年度利润总额 12%的部分，准予扣除。公益性捐赠是指企业通过公益性社会团体或者县级以上人民政府及部门，用于《中华人民共和国公益事业捐赠法》规定的公益事业（包括教育、科学、文化、卫生和体育事业）的捐赠。然而调查发现、多数企业不知道或没有享受到减免税收优惠，应用型高校的学校管理人员也不了解减免税收政策，因而无法以此切入点激励企业参与校企合作。出现这种情况的原因，一方面可能由于一些企业不了解减免税收政策或者笔者访谈的企业人员不了解公司的财务或减免税收情况；另一方面可能因为减免税收政策在具体的操作和实施层面宣传不到位或者存在一些运作困难。

## 二、学科专业方面

学科是知识分门别类的结果，学科的细化和交叉形成专业。专业的设置与变更，主要受到两方面的影响：一是产业细化或职业发展变化；二是科学发展的综合与分化。以一个学科为基础可以设置若干个专业，一个专业可能需要两个或多个学科为支撑。我国普通高等教育的 13 大学科门类下设有 110 个一级学科，一级学科之下还有层级式的二级学科、专业和研究方向。学科建设水平决定着学科发展水平，学科建设可以为学科发展提供高水平的师资队伍、教学与研究的基地、包含学科发展最新成果的课程教学内容等。

### （一）应用型高校学科划分少

学科数量和实力是应用型高校深化产教融合（主要是校企合作方面）的基础。高等学校是以高深知识的创新、传播和应用来服务社会的，建立在知识创新和应用基础上的科研技术水平（或产品研发能力）是校企合作的重要资本。地方院校（包括地方重点院校和应用型高校）平均获得的企事业单位委托经费非常有限，仅分别为部委院校和教育部直属院校的 5.8%和 4%[56]。从高校和企业在人才培养和项目研发方面的合作看，相比于应用型高校，研究型大学利用其在学科、技术、设备、政策等方面的优势，获得了大型企业尤其是新兴产业的大型企业的兴趣和支持。可以说，一所高校的学科数量越多、实力越强，科研技术水平和产品研发能力越高，越能为企业和社会提供好的服务，越能在校企合作市场上占据优势。根据目前的评价体制，如果某个一级学科具有博士学位授予权，则说明其学科实力较强。据此，可从高校的学科设置及其具有的一级学科博士学位授予权数量，大致估计其科研技术水平。相比于研究型大学，应用型高校主要以本科为主，拥有少量硕士点，学科实力和科研技术能力较弱，很难得到大型企业的橄榄枝。从高校获得的企事业单位委托经费来看，2015 年，

56 谭贞．新建本科院校转型发展模式研究 [M]．北京：科学出版社，2017.

“985”“211”及省部共建高校平均获得的企事业单位委托经费为32 658.8万元，而其他本科高等学校（多数是应用型高校）和高等专科学校平均获得的企事业单位委托经费仅分别为2073.5万元和42.1万元。这种以技术交换为支撑的校企互利合作，不仅能吸引大企业加盟，而且能切实推进产教融合，促进大学和企业在人才定制培养、学生实习实践、共建研发平台与合作研究、设立教育发展基金等方面开展长期深入的合作[57]。不仅如此，研究型大学和许多大型企业建立了合作关系，几乎垄断了区域校企合作的高端市场，这增加了应用型高校和大型企业建立合作关系的市场准入难度。

### （二）应用型高校偏重人文学科

学科和专业是高等教育培养人才的重要载体，应用型高校深化产教融合有必要依据产业发展需求调整学科方向和专业设置，“建立密切对接产业链、创新链的专业体系”。但是，基于知识分化与产业细化的学科专业和基于经济分散与集聚的产业之间并不是严格对应的，很多专业尤其是人文社会学科专业（如哲学、文学、社会学、史学等）和产业之间联系相对疏离和模糊，甚至横亘着不小的鸿沟。这表明，应用型高校的学科专业设置越偏重人文社科学科，越没有和产业融合的空间，其深化产教融合动力也越小。

在中国应用技术大学（学院）联盟单位中，师范类学院包括长江师范学院、重庆第二师范学院、大庆师范学院、韩山师范学院、黔南民族师范学院、曲靖师范学院、天水师范学院、周口师范学院、吉林工程技术师范学院、天津职业技术师范大学等十多所院校，约占联盟单位的1%以上。受历史因素影响，这些师范类应用型高校的学科专业设置偏重人文社科，深化产教融合的动力先天不足。我国的高等院校目前是以依据学科专业划分的二级学院为基础，二级学院（在学校架构中通常被划归为与党政职能部门相区别的教学单位）的设置基本上表达了学校的学科专业设置情况。正是基于此，可以选取人文社科类的教学单位（二级学院）占高校总教学单位的比例这一指标，大致衡量应用型高校的学科专业设置情况。通过调研发现，曲靖师范学院的19个教学单位中，继续教育学院主要承担全校的成人高等学历教育及各类非学历培训等办学任务，教师（教育）发展研究院和教师教学发展中心属于研究机构和教师培训单位，故将这3个单位排除教学单位的行列。城市学院专业设置主要有工程造价、房地产开发与管理、地理科学、酒店管理、工程管理、人文地理与城乡规划，故将其归属于人文社科类的教学单位。国际学院主要招收工商管理、会计、酒店管理、国际商务的

57　夏季亭，帅相志．教育现代化与地方高校转型发展［M］．北京：科学出版社，2019.

学生，故将权归属于人文社科类的教学单位。据此可以计算出，曲靖师范学院的 16 个教学单位中，人文社科类的教学单位有 11 个（包括人文学院、法律与公共管理学院、法律与公共管理学院、外国语学院、教师教育学院、体育学院、音乐舞蹈学院、美术学院、马克思主义学院、城市学院、国际学院），占总教学单位的比例高达 68.75%。通过调研发现，重庆第二师范学院的教师教育学院的主要职能是培养、培训小学教育师资，现设有小学教育、初等教育及体育教育等本、专科专业，故将其归属于人文社科类教学单位。据此可以计算出，重庆第二师范学院的 9 个教学单位中，人文社科类的教学单位有 7 个（包括教师教育学院、学前教育学院、文学与传媒系、外国语言文学系、经济与工商管理系、旅游与服务管理系、美术系），占总教学单位的比例高达 78%。通过调研发现，大庆师范学院的继续教育学院主要提供管理人员培训和高校成人学历教育，故将其排除教学单位的行列。据此可以计算出，大庆师范学院的 13 个教学单位中，人文社科类的教学单位有 9 个（包括教师教育学院、文学院、外国语学院、经济管理学院、法学院、音乐与舞蹈学院、美术与设计学院、体育学院、思想政治理论课教研部），占总教学单位的比例高达 69.23%。通过调研发现，国际教育学院包括国际学院、动画学院、软件职业技术学院，设有软件工程、动画、艺术设计和计算机应用技术等理工类专业。基于此，将国际教育学院划归为非人文社科类教学单位。黄淮学院的 16 个教学单位中，人文社科类的教学单位有 6 个（马克思主义学院、文化传媒学院、经济与管理学院、体育学院、外国语学院、音乐学院），占总教学单位的比例只有 37.5%。常熟理工学院的 14 个教学单位中，人文社科类的教学单位有 5 个（人文学院、外国语学院、经济与管理学院、马克思主义学院、体育部），占总教学单位的比例只有 35.71%。而大庆科技学院的 13 个教学单位中，人文社科类的教学单位有 5 个（工商管理学院、法政与经贸学院、外国语学院、人文艺术学院、体育部），占总教学单位的比例只有 38.46%。综上，从人文社科类教学单位占总教学单位的比例看，理工类应用型高校一般不超过 40%，而师范类应用型高校大都接近甚至超过 70%。一般而言，理工类学科专业比人文社科类学科专业容易进行产教融合。师范类应用型高校偏重人文。相反，学科专业设置偏向于理工类的应用型高校，深化产教融合的动力较为充足，产教融合的水平多居全国前列。

### （三）受到研究型大学的制约

研究型大学通常是在某一国家或地区比较有影响力的中心大学，获得了大部分研究经费，多数博士研究生，是公认的学术领袖。研究型大学不仅支配着处于边缘地位的应用型高校的发展，而且给应用型高校深化产教融合设置了诸多挑战，这种挑战在应用型高校的学科专业调整方面表现得尤为明显。根据目前的人才培养体系，如果把应用型高校培养的人才定位区别于高职高专的高层次实践型人力资源，那么专业学位的硕士和博士研究生可谓是高端实践型人力资源。专业学位是培养高端（硕士和博士研究生）实践型人力资源的主要通道。根据1998年教育部颁布的《普通高等学校本科专业目录》和2011年国务院学位管理协会与教育部颁布的《学位授予和人才培养学科目录（2011年）》，我国普通高等教育有13大学科门类，门类下设有相应的一级学科。1993年，中共中央国务院印发的《中国教育改革和发展纲要》提出，“在培养教学、科研岗位所需人才的同时，大力培养经济建设和社会发展所需的应用性人才。鼓励有实践经验的优秀在职人员采用多种形式攻读硕士、博士学位”。截至2016年6月，我国全日制博士研究生专业学位类别有教育博士、兽医博士、临床医学博士、口腔医学博士、工程博士5种，全日制硕士研究生专业学位类别共39种，全日制学士专业学位类别1种——建筑学学士。1996年，国务院学位管理协会第十四次会议审议通过的《专业学位设置审批暂行办法》规定：“专业学位作为具有职业背景的一种学位，为培养特定职业高层次专门人才而设置。”相对于本、专科层次，在研究生层次深化产教融合更有意义，遭受的阻力也相对较小。因为，本科层次比较强调通识，注重人的多学科学习和多方面发展，专业划分也比较粗略，专业和产业甚至职业之间的连接松散；研究生层次更强调学生在某一领域或某一专业的专研，专业划分较细，高校在专业划分上的自主权和灵活性也较强，也更容易实现职业教育和产业发展的融合。然而，我国的高端实践型人力资源已经被研究型大学垄断，应用型高校在资源和制度上均没有培养高端实践型人力资源的条件和资格，这无形中掐灭了应用型高校在更高层次深化产教融合的动力。调查发现，应用型高校根本没有培养博士专业学位的资格，只有少量的（一般不超过3个）硕士专业学位授权点，和研究型大学形成了鲜明反差。以重庆市为例，重庆市6所应用型高校中只有重庆三峡学院和重庆科技学院有不超过两个类别的专业硕士招生资格，其招生类别为教育硕士、农业推广硕士和工程硕士。反观研究型大学，重庆大学拥有专业学位19种（含建筑学学士、高级管理人员工商管理硕士、2个工程博士领域、26个工程硕士领域），西南大学拥有1种专业博士学位，21种专业硕士学位。另一方面，很多学科本身就是应用型的，研究型大学在这些应用型学科专业上的强势，弱化了应用型高校深化产教融合的动力。人类认识世界和改造世界的过程，要经过理论、理论的实践性转化、实践应用三个具体阶段。与每一阶段对应的人才类型可以划分为：学术型人才、工程型人才、技术技能型人才。据此，知识也可被分为理论知识、应用知识和技术技能。学科是知识制度化的分类与整合，除理论知识外，学科内部天然内含应用知识和技术技能。从大学学科的发展看，中世纪大学所开设的文、法、医、神四个学科都有很强的应用特点。工业革命之后整体生态科学技术的迅猛发展，大大提高了大学内部应用知识和技术技能的比例，这不仅使医学、法学等强应用学科保留至今，而且使、农学、艺术学、管理学等强应用特性学科充实到大学之中。我国 13 个学科门类中，经济学、法学、农学、医学、军事学都有很强的应用特性，一些学科门类下设的一级学科还对理论和应用做了区分。比如，经济学有两个一级学科——理论经济学和应用经济学。夸张地讲，凡知识皆有价值，任何知识都可以运用和应用到实际的生产生活之中。比如，很多人批判教育学只重视构建乌托邦式的理论，不注重应用，我国多数师范类院校的教育学科都在培养教师而非培养教育学者。一个更为重要的事实是，非应用型高校和应用型高校的边界变得越来越模糊，很多大学相继成立了应用技术学院，这些应用技术学院有的已经独立为专门学院，有的仍旧仅是大学的二级学院，比如，重庆邮电大学移通学院、重庆大学城市科技学院、苏州大学应用技术学院现已发展为独立学院，中国矿业大学、吉林大学、西南大学、重庆理工大学、西南科技大学、西安工程大学、大连海洋大学、南京林业大学等上百所大学仍以二级学院的形式设有应用技术学院。可见，中国的大学基本上都设置有应用型的学科专业，本是好事。但如果放到应用型高校深化产教融合的语境则会出现一些负面效应，即研究型大学的应用型学科强势反而弱化了应用型高校深化产教融合培养实践型人力资源的动力。

无论是从高等教育分层分类的思想，还是国家政策的导向，抑或是地方普通本科高校发展的困境看，着力发展应用型本科教育似乎是地方本科院校摆脱发展困境的唯一出路。但是，现实的情况是，大学并没有夸张到一心培养学术型人才的地步，大学的基因中含着应用的要素，应用型教育和应用学科专业在现代大学中占据着很大的比例，也有着不凡的规模和地位。在地方普通本科高校向应用型转变的过程中，研究型大学强势的应用学科专业，在继续支配和影响应用型高校的学科专业发展的同时，也为应用型高校这一命题的成立和应用型高校深化产教融合的动力戴上了一套“隐形的枷锁”。

## 三、师资方面

教育是教师培养学生的活动，没有好的师资，实践型人力资源的培养就好比没有专职园丁看管打理的果园，不可能结出人们预期的硕果。《指导意见》指出，加强“双师双能型”教师队伍建设。“双师双能型”教师是在以往“双师型”

教师基础上对教师素养要求的进一步提升。“双师型”教师主要指“双证”或“双职称”教师，这类教师既具有专业技术人员、工艺师等技术职务，又取得教师资格并从事教育教学工作。“双能型”教师则要求教师既具备理论知识的传授能力，又具备实践教学能力。应用型高校深化产教融合迫切需要“双师双能型”师资的保障，但是应用型高校在短期内很难培养出“双师双能型”教师，这进一步削弱了应用型高校深化产教融合的动力。

### （一）师资力量不足

应用型高校的师资相当薄弱，远逊于地方重点高校和部属高校。应用型高校的教职工数量、专任教师数量、高级职称教师数量、高级教师占专任教师的比例、最高学历为博士的教师数量及其占专任教师的比例、享受国务院津贴专家的数量均低于地方重点高校，高级职称教师包括高校中的教授、教授级高级专业技术人员、教授级高级经济师等，副高职称教师包括副教授、高级实验师、高级专业技术人员、高级经济师等，最高学历为博士的教师不包括正在攻读博士学位的专任教师。此外，应用型高校拥有的两院院士、“万人计划”入选者、国务院学位管理协会学科评议组成员、“973”项目首席科学家、长江学者、“百千万人才工程”“国家杰出青年基金”获得者等国家高层次人才屈指可数，远低于地方重点高校和部属高校。应用型高校薄弱的师资力量直接造成其在学科实力、科研能力、声誉和教学产教融合的水平方面弱于地方重点高校和部属高校，无法吸引行业企业的主动合作，也不利于提高应用型技术技能型人才的培养产教融合的水平。据相关统计结果显示，85.9%的学校管理人员和78.4%的教师认为其所在学校的师资力不能为学校深化产教融合提供支撑。

### （二）专职教师实践能力不足

应用型高校专职教师的实践教学能力亟待提高。调查发现，应用型高校招聘的青年教师师基本上都是毕业后直接任教的硕士和博士，他们科研能力强，但几乎没有在企业待过，不了解一线的实践知识的传授情况，教师的实践教学能力很差。许多45岁以上的教师年轻时曾在行业企业工作过，改革开放后他们逐渐通过进修、读大学成为高校教师，有一定的实践经验，但这些实践经验显然已落伍于时代。《指导意见》指出，应用型高校要积极引进行业公认专才，聘请企业优秀专业技术人才、管理人才和高技能人才，有计划地选送教师到企业脑受培训、挂职工作和实践锻炼，加强“双师双能”教师队伍建设。调查发现，应用型高校实际拥有的真正的“双师双能型”教师可谓少之又少，许多应用型高校的二级学院“双师双能型”教师的数量通常不超过5名。虽然一些应用型高校号称其“双师双能型”教师占到学校总教师数量的 1/3 以上，但实际上真正能既讲好理论课又上好实验实践课的教师可谓凤毛麟角。

### （三）优秀行业企业师资难引进

由于提供的教师工资待遇较低，应用型高校根本无法引进行业企业的优秀师资。调查发现，重庆市应用型高校的讲师 / 助教的月收入平均在 4000 ～ 6000 元（不计课时费），除去“五险一金”之后，每个实际到手的可支配收入约在 5000 元。重庆市应用型高校的副教授月收入平均可达 7500 ～ 8500 元。民办应用型高校的教师待遇还要低于公立应用型高校。相比较而言，重庆市中级专业技术人员的月收入平均在 8000 ～ 10000 元，企业给专业技术人员提供的平均工资远高出应用型高校。从人才培养的角度而言，应用型高校希望引进的企业师资往往是大型企业中的中年高级专业技术人员，这个年龄段的专业技术人员既有一定的理论和实践积累，也能掌握到本领域的核心技术和前沿发展动向，能更好地将产业需求和生产的尖端技术介绍给应用型高校的教师和学生，深化产教融合。但是，这个阶段的专业技术人员往往又是企业的“顶梁柱”，企业给他们提供的工资往往高于平均工资，通常在 20 000 元以上。在如此悬殊的工资待遇下，应用型高校当然吸引不到优秀的企业师资。而且学校并不敢贸然给企业师资提供较好的待遇，因为这容易引发整个高校内部薪酬分配的不公平，引起其他教师的不满，更为严重的是，一些应用型高校给企业师资提供的工资是非常低的，有时甚至还不如学校的讲师 / 助教，这导致其很难从行业企业引进优秀的高级专业技术人员。应用型高校引进高级专业技术人员的待遇远低于博士（进校后一般在一两年内成为讲师）和教授。

### （四）教师培训阻力大

教师培训是提高应用型高校教师实践教学能力的重要途径。目前，可操作的教师培训方式有三种：教师到企业挂职学习；教师到国外应用技术大学考察学习；教师到国内较好的应用型高校轮岗实训。但是，资金不足，教师培训意愿不高，评价制度、观念等现实条件的束缚给应用型高校的教师培训带来一系列阻力。尤其是教师培训，在薪酬没有相应增加的情况下，多数教师习惯于过去的以讲授课本知识为主的教学方式，并认为按照现有的教学方式照样可以完成教学工作，所以不愿意去企业参加培训。

### （五）外聘兼职教师实用性不高

在校内教师实践教学能力不强和优秀的行业企业师资难引进的情况下，应用型高校只好外聘一些兼职教师来弥补“双师双能型”教师的不足。兼职教师主要在企业工作，学校只能要求他们定期或不定期地以讲座、报告、教授少量实践课程的方式参与教学工作，并提供一定的报酬。在如此零散的教学方式下，学生的收获非常有限。

## 四、实训设施方面

教育教学的场地设备是影响教育产教融合的水平的重要因素，应用型高校深化产教融合，需要实训实践基地、实验（试验）室和教育教学设备的支撑。《指导意见》指出，加强实验、实训、实习环节，实训实习的课时占专业教学总课时的比例达到30%以上。按照所服务行业先进技术水平，采取企业投资或捐赠、政府购买、学校自筹、融资等多种方式加快实验实训实习基地建设。调查发现．应用型高校有关实训实践实验的场地设备相当匮乏，81.6%的学校管理人员和87.5%的教师认为学校的场地设备不能够为学校深化产教融合提供良好的条件。“巧妇难为无米之炊”，应用型高校连“炊具”的供给都不足，又何谈深化产教融合？

### （一）校内就业前实践的专门基地数量有限

就业前实践的专门基地也称实训中心，是学生实习（实践）和培训的主要场所，既包括学校自己筹办建立的校内就业前实践的专门基地，也包括学校和企业合作建立的校外就业前实践的专门基地。就业前实践的专门基地是提高实践型人力资源实践能力和职业素养的重要场所，一般为真实或仿真度较高的生产车间或场所，配备有一系列可供学生操作的设备和仪器。调查发展，应用型高校的校内就业前实践的专门基地较少，一所高校通常不超过5个。这是因为就业前实践的专门基地占地面积大，仪器配备数多，很多基地必须装备一些完整的操作系统而非一两套仪器，需要投入大量的经费，一般的应用型高校很难有此财力。

应用型高校的校外就业前实践的专门基地较多，只要和企业建立合作关系，企业基本可以成为学生的就业前实践的专门基地，尽管一些企业只允许学生在企业的特定部门或车间实习。较之校内的就业前实践的专门基地，教师和学生在校外就业前实践的专门基地进行教学的成本很高。其原因在于，学生到企业实训的交通费、住宿费花销较大，学校和学生都不愿意承担这笔花销。因为，一则学生缴纳了学费，按规定已经缴纳了参加实训等人才培养的费用，不应该再缴纳其他费用；二则应用型高校的学费收入和办学经费本就紧张。此外，高校和行业企业的沟通成本也不小，尤其是一旦学生出了安全问题，双方极容易出现“扯皮”现象。

### （二）实验室条件和运行维护缺乏资金

实验（试验）室，也称实验教学中心，是理工类学科培养人才的重要载体，也是应用型技术技能型人才培养的重要教学设备。实验室是应用型高校在校内培养人才的重要场所，其经费来源渠道一般为学校自筹、政府专项财政支持和企业募捐等。

应用型高校实验室的经费投入有限。受办学经费的限制，应用型高校很难自筹经费建设大型实验室。以重庆三峡学院为例，其计算机实验教学中心、三峡库区水环境演变与污染防治实验室的建设经费，很大部分源自中央与地方共建高校基础实验室项目。

应用型高校实验室的数量少、条件一般，多数实验室处于基本可以支持人才培养的水平。应用型高校几乎没有国家级重点实验室，省级重点实验室数量一般不超过 5 个，实验室的条件还相对简陋。应用型高校实验室的运行和维护经费有限。实验室的运行和维护包括购置教学设施和实验教学软件，改造实验室环境，安排专门的管理人员。受经费限制，应用型高校很少更换教学设备和实验教学软件，很多实验室建成后几乎没有装修过。由于实验室管理人员没有编制、工资低、工作时间长（很多实验室是 24 小时开放），且要具备一定的专业知识（如化学实验室管理员行必须掌握一定的化学知识），学校很难招聘到好的实验室管理人员。为此，不少应用型高校只好安排教师轮流值班或者高年级学生轮流值日，维持实验室的运行。

### （三）实践教学设备购买困难

众所周知，大学的一些教学设备非常昂贵，一台仪器、一块材料、一些药剂的价格可能动辄上万。应用型高校经费有限，教育教学设备本就不足。雪上加霜的是，应用型高校深化产教融合培养实践型人力资源，需要购买大量的生产一线的教学设备。实践型人力资源的培养需要让一批又一批的学生长期反复实践学习，校企缺乏合作也反过来要求学校购买较多的实践教学设备，这两方面的现实越发加剧了应用型高校教学设备的紧缺。《指导意见》建议，按照所服务行业先进技术水平，采取企业投资或捐赠、政府购买、学校自筹、融资等多种方式加快实验实训实习基地建设。捐赠说白了是希望应用型高校激发企业的善心去“空手套白狼”。企业是有善心，但是，企业更需要利益或好处，没有现实利益的激励，企业的善心相当有限，也无法持续。

# 第二节　产教融合理念下的人才培养模式

## 一、产教融合人才培养的必要性

### （一）地方高校人才培养的需要

就业质量的好坏往往与生源的好坏呈正相关，一个学校能否顺应时代发展，取决于该学校对社会的贡献值，就业质量的提升有利于学校对社会产生良好的社会效益，带来良好的社会影响。提升高校的就业质量对于一个高校的发展至关重要。产教融合人才培养也应遵循发展规律，需要因材施教，理论联系实践的教育才能提升学生毕业之后的职场能力，高校应联系市场需求对学生制定培养方案、规划培养方向、制定人才培养目标，同时合理地对教学资源进行配置和准确的教学评价也对高校能否培养出高素质人才投入市场至关重要。

在我国，许多高校在水平和特色上往往达不到报考院校的学生和家长的期望。究其原因是因为高校在人才培养方面一直没有重大改革，它们依然沿用过去传统的教学方式，没有找到合适自己的道路而是换汤不换药照搬各大本科院校对学生的人才培养思路。这样做的一个很大坏处是不仅没法赶上本科院校的发展而且直接导致职业学校的特长和优势被掩盖。由此，对教学资源进行配置和准确的教学评价，将无法被实现，理论联系实践的人才培养模式也只会成为一句空谈，最终结果将会是高校无法培养出适应市场需求、适应职场需要的高素质人才，直接影响高校的就业质量，最后限制高校的自身发展。

显而易见的是，学校与企业进行深度合作培养学生，积极主动与市场对接，对市场需求进行调研分析，以产教融合为着手点，能够科学有效地推动高校教育体系的转变进而改进高校的人才培养模式，充分发挥出各地方高校的优势，化逆势为优势促进地方产业经济的发展。

### （二）地方区域经济发展的需要

技能技术型人才对于一个地方的经济发展尤为重要，高校是为各地方输送技能技术型人才的主要途径，因此，地方高校与该区域的经济发展是互利共赢的，双方相互扶持、相互协助。所有企业都迫切地需要具有高职业技能的人才来帮助企业快速发展，就目前人才市场的结构来看，我国极度缺乏高职业技能型人才，挑战带来机遇，各大高校急需尽可能多地了解所在城市的经济发展结构和发展状况，结合了解到的信息发挥自己特长，制定自己独特的教学方针，落实相关的教育模式，为地方企业源源不断地输送具有较高职业技能的人才，做到校企之间互利共赢，同步发展，共同进步。

应用与技术型人才的缺少是我国人才市场的一种普遍现象，这是由我国高等职业教育过多地开展理论课程教育，没有将人才培养的目标与产业和市场相结合造成的，这种教育模式通常不能适应当前我国经济发展的需要。所以当务之急是政府需要从更高的战略目标出发，更多地强调技能技术型人才培养，强调我国产业转型的必要性与重要性，通过产教融合的理念、校企合作的方式来实现高校技能应用型人才的培养，是我国高职教育必经的过程。

## 二、产教融合的政策分析

十八大以来，党和国家领导人在教育专题会议中多次强调要大力发展职业教育、推进校企合作。深化产教融合、提高人才培养质量、加快职业教育现代化建设。在2013年文件《教育部关于深化教育领域综合改革的意见》中，第一次提到了产教融合，该文件提到“尽快完善职业教育产教融合机制”。2015年，《教育部关于深化教育教学改革全面提高人才培养质量的若干意见》中提出要深化产教融合，推进校企合作，完善校企合作育人机制，以行业教学为指导，将技术转化为生产力。在国务院2017年发布的《关于深化产教融合的若干意见》中，提出以要产教融合带动职业教育育人模式的创新与改革，将人才培养供给侧与产业需求侧有机结合，将工匠精神与职业教育相结合，从而带动校企合作的发展。

### （一）以市场需求为导向进行校企合作的人才培养模式

新时期的职业教育有了新目标、新方向。校企合作协同育人一方面有利于提高高校学生就业率，另一方面有助于企业转型升级，加强企业竞争力，能够有效帮助实现人才兴国的目标。新时期产教融合、校企合作的政策对人才培养模式提出了以下几点要求。

①要了解并预测产业需求，提供产业与人才方面的供需信息，完善多方主体人才培养评价体系，构建治理模式和校企合作保障机制。

②根据产业长远发展和用人需求，高校和企业要共同制定人才培养目标、培养过程和培养方法，促进学校专业设置对接产业需求，从而深化校企合作。

③在校企合作协同育人理念下，共同设置专业、开发课程，引入企业技术人员作为导师指导学生，建设实践基地，为学生构建一个真实的职业环境进行实践学习，及时引入新技术、新标准、新方法，保障校企需求。

### （二）政府角色和职能的转变

在十九大之前，产教融合的政策基本都是以政府为主导的治理模式，在此之后，关于职业教育的政策发生了转变，职业教育的治理体系由过去政府主导逐渐变为政府推动，职业学校根据自身情况和企业自主合作，学校和企业在政府政策的引导下，深度合作，共同培养人才。这一时期的政府职能主要是以服务校企合作为主，根据学校和企业的需求，制定相关政策，提供法律保障和财政支持。在产教融合要求下，政府部门不断提升治理能力现代化的水平，推动校企深度合作，协同育人。

### （三）聚焦“双师”素质，加强教师队伍建设

十九大以来，产教融合的政策对职业教育师资队伍队建设提出了更多的要求。高校师资队伍需要引入企业来共同培训学校师资，完善学校管理制度，对高校师资的学历结构、双师型比例、整体素质等方面进行改革。为了推进双师型教师队伍建设：①要落实好教育部印发的《制学校教师企业实践规定》，鼓励在校教师到企业去实践学习；②要推动高校与优质企业联合培养教师，共同建设培训基地，制定培训方案，引入第三方组织对教师培训进行考核与评估；③要改革教师招聘资格制度，制定教师资格标准，加强“双证”上岗的要求，教师要进入高校任教，需有企业实践的经历。

## 三、产教融合人才培养的实践模式

我国高校从改革开放以来，根据不同地方不同情况，因地制宜地发展出了诸多人才培养模式，应用较为广泛的有“订单式”“工学交替”“2+1”“产学研”等模式，具体情况如下。

### （一）“产学研”人才培养模式

我国很早就提出“产学研”这个概念，并用于职业教育培养人才。“产学研”是目前高校实现产教融合、校企合作育人的一种较为理想的模式，这种模式在高校中应用较为广泛。这种培养模式的目标是将学生培养成为实践操作能力强、具有较高职业素质能力和核心竞争力的人才。学校和企业共同商定人才培养方案，制定的方案以企业需求为主，来确定教学目标。此培养模式能够结合学校与企业双方的资源，优势互补，为学生提供教学场地与教学资源，整个培养环节中，企业能够参与进去。“产学研”这种人才培养模式，之所以能广泛地被高校应用，是因为它要求高校在专业设置、课程安排、教学内容等方面要符合

企业的需求。也就是说在这种模式下培养的人才是企业所需要的，不存在企业和人才供需不对接的情况。“产学研”这种模式，要求企业为学生提供实际场地、模拟工作环境，从而使学生的课堂理论知识与实践技能有机结合，让学生做到知行合一，提高理论知识转化为实际生产力的水平。

### （二）“订单式”人才培养模式

“订单式”人才培养模式是校企积极合作，共同研究并制定人才培养方案的一种模式。学生和企业签订合同，学校和企业在技术、师资、实践产地等方面进行合作，校企双方共同招生并对其培养，毕业的学生能够直接到该企业就业，企业为培养的学生给予一定的补贴作为支持。这种人才培养模式建立在学校和企业相互信任的基础上，校企双方的合作具有自愿性，一旦企业愿意主动与学校合作育人，那么这种模式能够促进企业对学校人才培养的积极性。“订单式”培养模式能够和用人单位，也就是企业的需求对接，以企业需求为培养导向，从而提高高校毕业生的就业率，此模式得到了社会和学校的广泛认可。但目前在“订单式”培养人才的过程中，校企双方的地位很不平衡，学校对企业的了解也不够深入。

### （三）“工学交替”的人才培养模式

该模式的基本特征是，学生到学校后，第一学期首先在企业进行实践学习，企业负责传授学生基本的专业思想以及给学生进行入学教育，并让学生轮岗实践，在不同的技术岗位实践学习。第二、四、五学期学生在学校接受老师所传授的课堂理论知识。在第三学期学生到企业进行全岗学习。等到第六学期，学生能够独立上岗，学校和企业要求学生在此学期上岗进行毕业实践并完成毕业设计。“工学交替”这种模式不仅能够让企业参与到学校的人才培养整个过程中来，这种参与是全方位的，包括培养方案、教学计划、实践环节、考核标准等，而且学生在这种模式培养下具有双重身份，即“员工”和“学生”，将课堂知识与企业要求的实践技能更好地衔接起来。

### （四）“2+1”人才培养模式

第一阶段，学生在学校学习两年的理论知识，培养自身的综合职业素质，学校以课堂的形式传授学生专业知识，时间为两年。第二阶段，学生在学校获了专业理论知识后，去企业实习一年，在相应的岗位进行培训，将所学的理论知识进行实践，企业给予学生相应的劳动报酬。一年以后，学校对学生的学习情况进行考核和毕业评定，对其进行就业指导。

学生在企业的实习属于“顶岗实习”，学生不是在学校的实训基地实习，而是到企业，学生和其他员工一样，也要遵守企业的规章制度和工作要求，有自己的工作细则。在企业实习的一年里，学生要练习在学校所学到的专业知识，在实践过程中将其掌握，以实践验证真理。这种培养模式让学生毕业后能迅速满足企业的用人需求，避免毕业生的实际工作能力与岗位要求不对接的问题。

“2+1”培养模式能够将学生在学校学到的专业知识与实践相结合，提高学生对职业技能的掌握能力，这种能力不仅包括学生理论知识的掌握、综合职业技能、还包括多问题的处理能力以及将知识转化为生产力的能力。这种培养模式与传统的教科书培养模式不同，它培养的是学生知行合一的能力，通过在企业的实训，学生能够快速掌握企业的工作要求，从而提高培养质量与就业率。

## 四、产教融合对人才培养的要求

### （一）产教融合对人才培养理念的要求

首先，产教融合要求高校培养的人才不再局限于对理论知识的掌握，而是做到将理论知识很好地运用到实践过程，将理论与实践有机结合。高校本身具有职业属性，所以培养人才应以职业技能为导向。学校和企业在共同育人时，产教融合的理念应该贯穿于整个教学过程，做到将理论知识与实践相结合，教育与产业相结合，人才与市场需求相结合。

其次，学校对学生的培养理念应该建立在市场需求上，以市场需求为导向培养的人才是产教融合所提倡的。同时还要注重学生的综合素质和自我学习能力的培养，使其能很好地适应市场需求的变动。

### （二）产教融合对人才培养过程的要求

第一，产教融合要求专业的设置应该符合产业发展的需求，学生所学专业能够与产业发展需求相对接。学校需要积极主动调研、预测市场的需求，根据具体情况，分类设置专业培养人才，并根据市场变化，动态调整。

第二，教学内容要注重理论课程与实践的结合，实践课时至少占理论课时的一半，使学生学到的理论知识能及时、有效地转变为实践技能。此外学校应该在政府的牵头引导下，与企业积极合作，共同制订培养人才的计划，安排学生的实践。

第三，产教融合要求高校建设一批“双师型”教师来培养人才。“双师型”教师的建立，对提高人才培养的质量起到了重要作用，各高校应加大、加快“双师型”教师的建设，培养出理论与实践相结合的应用型人才。

第四，在人才培养质量评价考核方面，应该以多维度的层面来考核，摆脱过去传统单一的考核方式。评价维度可以从政府、学校、企业三方面分别来考核，从而实现产教融合的要求。

### （三）产教融合对人才培养方法的要求

首先，高校要与企业共同商定制定人才培养的方案，该方案要注重学生的实践比重，让学生在课堂教学之后能及时地将理论运用到实践中，做到知行合一。校企共同合建实践基地，共同开发人才，由过去单一的教学方式多元的教学方式转变，以政府为主导，积极构建校企合作育人平台，实现资源共享机制。此外，政府要主动实施高职教育集团建设工程，将多个高校和企业相互连接，打造学生培训、员工培训、技能培训与鉴定为一体的高职教育集团。最后，健全政府保障机制，以此来保障地方高校和企业合法、有效、稳定地培养人才。

# 第三节　产教融合理念下人才培养模式的创新

从前文分析目前高校人才培养模式存在的问题及其原因可知，当前高校人才培养模式离产教融合所要求的还有一定的差距，故笔者在本节结合产教融合所提出的要求，对高校人才培养模式从理念、过程、方法三方面进行创新研究。

## 一、产教融合背景下人才培养理念的创新

### （一）牢固树立产教融合人才培养理念

目前，我国大多数地方的高校都存在着对产教融合理念认知不到位和不重视的现象。即使地方高校响应国家号召，开始采取产教融合一体化的策略，但是还存在着高校在教学模式和方法上严重依赖于教师的情况。产教融合的教学要求是将传统的教学要求和技术能力提高到相同的水平层面上来，而不是过于依赖某一方面的成效。这种认知意识无疑将影响高校产教融合的推动。

所以，在高校产教融合一体化的进程中，应该要不断地提高自身的意识。各地区高校也应该积极地开展与企业互动合作的项目，促进传统的教学方式向开放式教学方式的转变，使产教融合的理念贯穿于整个教学过程。让学校的教学管理融入当地企业的市场经济发展，开辟出更多的“培训基地”和“岗位实习机会”。让学生具备社会适应能力和岗位竞争能力，让高校真正走上产教融合的发展道路。

### （二）转变教师育人观念与教学观念

地方高校在培养学生的过程中，一定要积极转变教师的教学育人观，为高校的发展创出一条更科学、更高效的道路。高校教师教学观的转变能够真正影响到学生的发展，因为，产教融合的理念下，教学内容的选择和教学等工作都需要教师来完成。在这一过程中，教师采用产教融合一体化教学的方式，直接影响高校培养新型人才的质量。可以看出，在产教融合的理念下，教师教学观念的转变是提高教学质量和培养新型人才的关键。笔者认为地方高校的教师主要应该从以下两方面开展其培养高质量人才的教学工作。

首先，高校的教师应积极地深入到地方企业和行业中去，这样才能摸索出这些用人单位对高校学生的需求特点。然后，根据这些需求特点，将其直接转化为课堂教学内容，以提高高校学生适应社会和适应企业为目标，培养学生运用相应的理论知识和实践技巧。教师要做到有针对性地规划教学内容，培养出有竞争力、适应企业的专业型人才。

第二，教师在其教学过程中，必须有意识地把理论和实践紧密结合起来。虽然国家一直强调高校的理论知识和内容应该做到“必须使用”和“足够使用”，但是，这并不是说教师可以将理论的内容大大减少，而是需要精准计划、配套教学。教师应当根据当地企业的需要，以适应学生就业发展趋势的理论为导向，改变教学理念，将相关学科的重要知识整合简化。这样学生就可以拥有高质量的素质技能和理论知识，以便适应在未来就业过程中的各种相关工作，避免单一的就业状况，从而实现终身受教的培养目标。

### （三）要树立培养复合实用型人才的理念

高等高校教育的发展核心是人才的培养，它也是高校是否具备强有力的竞争力的具体表现。目前，高等高校就是以培养出符合市场需要的专业技术型人才为目标，但是这样的方式过于强调专业化，近似于就业教育。根据我国各地方的产业需求，不少企业所需要的人才不是单一型的专业技能型人才，而是复合型的人才。因此，在人才培养模式中，更应该着眼于学生综合素质的培养，把学生培养成全方位的发展型人才。这样全方位的人才，不仅仅需要掌握专业技能，还需要有其他学科的基础知识、对事物认知能力和自我更新的能力。从当今的社会需求来看，高校人才的培养一般都是面向生产、服务和管理的第一线，所以，这就要求高校的人才培养必须是从多方位、多角度出发。此外，当今的社会是一个快速发展和变化的社会，企业的需求也是多变的，高校培养复合型的人才能够使学生在今后的工作中终身适用。

### （四）坚持以顺应地方产业发展为主导的理念

地方高校培养出的人才主要还是服务于地方产业，而地方产业的发展又能带动高校的发展，两者相互依存，共同发展。因此地方高校的人才培养目标需要审时度势，适应地方产业的发展，这样才能使地方高校和地方产业共同发展，达到更优的结果。

首先，《国务院关于大力发展职业教育的决定》中就明确地提出地方产业的发展水平决定着地方高校的发展定位，决定指出，各个地方以及各个部门都需要根据经济发展和人才发展的需要，制订符合战略规划的培养计划。产业的发展高度决定了高校培养人才的程度，地方产业发展越好，地方高职学校的培养条件越好。地方产业支撑着地方高职院校的发展，如果没有地方产业作为支撑，那么高校的发展也会陷入困境，所以说，大力发展地方产业，能给地方高校带来良好的发展条件，比如学生能够在产业中进行良好的培训，获得最先进的理念和技术。

其次，好的地方产业的企业文化、发展理念和发展目标都影响着地方高校的办学目标，科学的产业发展观念会自发地带动和影响地方高校的指导思想，地方产业的需求特点，也影响着高校的专业设置计划。确切来说，地方产业需要什么样的人才，地方高校就会为这些产业的需求培养出适合需求的人才，这样既可以保证高校学生的就业要求，也能保证企业获得需求的人才。这种催生表现在地方企业需求特点催生了高校与产业需求相关的专业设置，地方产业的特点决定着地方高校专业的特点。这样的催生，形成了不同的就业岗位和就业机会，推动着高校人才培养的构建，形成地区独特的高校。

最后，地方产业的科学发展推动着高校的科学发展，地方产业的经济运转需求，引导着高校的人才培养模式。反之，若地方经济发展水平不够、科技含量较低，那么地方高校在专业设置上就会相应地减少，科技发展水平也会大大降低。地方产业发展迅速，需要的人才也会是高质量、高水平和高技术的人才，地方产业的技术需求引领了对高校人才培养的要求。不同地方产业的需求影响着不同地区的高校人才培养模式，地区经济的集结引导着高校不同专业的培养力度，使其成为具有地区特色的高校。

所以说，地方产业发展迅速、发展良好，可以推动高校快速发展，无论学校采取怎么样的培养模式，都应该顺应地方产业的发展趋势和要求。

## 二、产教融合背景下人才培养过程的创新

### （一）招生环节的创新

1. 政府对校企联合招生给予资金投入和政策支持

政府为学校和企业的联合招生提供资金的投入和政策的支持。在市场经济大发展的时代，我们不能只是一味要求企业去承担社会发展的责任、只讲奉献而不求回报，政府应该大力支持那些校企联合招生的学校和企业，向这些学校以及企业提供必要的资金支持和政策保护，让企业也能从参与中获得利益，这样，校企联合招生办学才能更好地发展下去。校企联合的一种非常优化的培养模式是现代学徒制，要让现代学徒制继续发展下去，需要企业的鼎力支持和配合。当地政府可以根据相应的政策给予校企联合招生办学的学校及企业发放一定的补贴和奖励，根据校企联合招生的人数给予企业相应的奖励，这样企业也愿意更好地配合高校。此外，政府可以通过选择活动评估企业的综合竞争力，只有通过评估的企业才能参与到校企联合项目现代学徒制试点的工作中去，这些活动本身也有利于打响企业的知名度和提高企业的形象，企业一定会积极参与其中。另外，政府可以采取签约的制度，让企业与学生直接签约，学生在完成校企联合的培养计划后，可以进入企业工作，企业按照学生在岗的工作年限给予其配套奖励，这样还可以减轻企业招聘无人的担忧，也为企业留下了专业对口的人才。

2. 优化选择考试招生方式

一个地区的高校，它从建立之初的目的就是为了培养出服务于地区经济发展要求的人才，在这样的目的驱动下，招生问题就显得格外重要了，什么样的招生方式可以符合地区发展的要求呢？一个地区的经济不只是依靠一种产业带动发展的，它有多种多样的产业，为了符合多产业不同的需求，高校在招生方式上就要开始改变，不再是一种简单的、单一的模式，而是多需求、多元化招生模式，这样的招生模式为考生提供更多的机会，也为高校的发展提供了动力。区域内的高校应该要紧密联系在一起，互帮互助，建立良好共生的招生模式。

教育主管部门在安排高校招生方式时，要考虑到要根据不同类型的高校，建立不同招生制度。要根据专业性质的不同，合理安排不同的考试形式。对于高校来说，更应该注重专业职业技能的考察，对不同层级的高校考试难易程度也要有变化，尤其在国家重点培养专业上，招考制度要更加严格。

高校主管部门方面，要充分考虑最有利于学生与学校共同发展的招生模式，

让不同类型、不同层级的高校在满足充分优质生源的情况下，也能保证学生的输出精良。这就要求高校招生主管部门，在不同专业的招生模式上作出调整，在培养年限较长的专业上，高校可以采取中职院校专业对口培养的招生模式，与中职院校结对子，把符合要求的优质中职学生输入到高校中来；在一些培养年限较少，专业要求不高的专业上，高校招生主管部门可以采取不同专业单独招生的方式。随着科学技术、专业需求与专业对口的发展，选择多元化的考试招生制度，是未来高校发展的方向。

3. 拓宽招生途径

在校企联合培养的高校中，招生工作需要多方式、多类型、多元化的组合。校企联合招生有一个巨大的优势，学生可以在校期间就进入联合的企业进行实习，那么如何能更好地把这个优势发挥出来呢？这就需要校企联合的高校进行招生模式的变化以及变化之后的宣讲活动。首先，学校和企业两方在招生环节上达成共识，共同进行招生，“双身份一面试”这样的招生模式就指，考生参见考试及面试，在被高校招录的同时也拥有了企业员工的身份，这样的模式对于有志报考高校的学生来说，非常有吸引力，学生在学校就读的同时，也接受企业对员工的教育，在学生毕业后，就可以直接进入企业工作。企业的员工也是高校的生源之一，企业中达不到技术要求、专业要求的员工或者希望获得相应理论知识的员工，在经过申请审核之后可以进入联合培养的高校进行再深造学习，解决员工的继续教育问题，这样的招生模式一方面保证学校的生源充足，另一方面也保证了企业员工的高素质。

### （二）教育教学环节的创新

1. 政校企搭建平台来制定来人才培养方案

高校的人才培养方案不能仅由学校设定，这样的培养方案缺乏科学完整性。高校应该联合企业和政府共同制定人才的培养方案，为校企联合培养的适用性人才提供优良的培养方案。人才培养方案中包括：培养目标、培训目标、课程设置、实践训练、就业规划等。由政府、企业和学校三方共同设置的培养方案可以很好地解决学校培养方案过于理论化的问题，在新的培养方案中加入政府的指导方向、企业对人才的需求，打造适于区域经济发展的新型技术人才。三方合作的平台致力于培养出高质量、高素养的、高技能的人才，不同专业的学生有不同的培养方案，在政府指导下学校和企业的课程设置上可以根据实际需要设置理论与实践相结合的课程，让学生真正走入社会工作岗位，锻炼学生未来在就业岗位中的实操能力与竞争力，使学生在理论的学习中掌握技能的运用。

2. 设置满足企业生产需求的课程

普通高校的课程设置缺乏实践性，大多只有理论的堆积，缺少真正实践的机会，这样培养出来的学生在走入工作岗位的时候，缺少竞争力，对需要大量动手的实操岗位不能尽快地融入和适应。所以产教融合的学校，应该在课程设置的方面紧跟三方合作的培养目标，根据企业的发展需求，设置相应的实训课程。再者，高校的学生本身对于纯理论文字性的知识接受起来就非常不易，单纯理论的学习会让学生失去兴趣，把实操训练加入课程的设置之中，可以很好地调动起学生的积极性，理论与实践的结合才能使更好地发挥作用。因为学校实操训练的场地等原因，某些教师可能把实践课当成理论课来教授，但这并不是高校的课程设置的目标，也失去了高校的意义。高校应该联合企业，在教授理论知识后，充分结合市场需求，根据不同专业匹配更好的专业课，以提高学生的实操水平。

3. 加强师资队伍的建设

地方政府在师资队伍培养方面，应该加以完善。严格执行教师资格制度、实施教师专业考核、建立教师专业评估标准、对于教师职称的评定办法进行完善、加强校长培训制度、实行以5年为一个周期的全员教师培训制、落实教师企业实践制度。政府必须支持学校按照相关规定招聘兼职教师，聘用企业技术人员、高技能人才到学校相关专业担任兼职教师，而兼职教师教学情况会作为其教学能力和教学水平的考核。加强中高级职业技术师范院校的建设，推动高校及企业共同建立“双师型”专业训练基地。职业教育科研队伍的建立和优化，有助于提高教师教育教学的能力和科学研究的能力。

### （三）管理环节的创新

1. 校内外实践的管理

高校的教学环境是与实践紧密相关的，政府应当出台相关法律政策作为学生实践环节顺利进行的保障，明确学校和企业在学生实践期间的权责。校内实践场所，如实验室和培训研讨会等，都需要设立严格的规章制度保证学生在实践中的安全。在学生进入企业实践期间，学校的教师就应该就实践实习专门召开动员大会和安全会议，在学生进入企业实践时，教师在不影响学生实践的同时要时刻监管学生，以防发生突发事故。在学生进入企业时，企业管理人员也需要与学生签订正规的实训协议、安全协议等，以此来保证学生的合法权益，并且需要提前告知学生企业实践的危险注意事项，与随训教师联合对学生进行管理。高校的学生，自我克制力较低，在脱离学校之后，没有教师随时监督，会造成学生思想意识的松懈，这样的行为是非常危险的，容易造成安全事故的发生，所以学校与企业必须加强对校外实践学生的管理。学生应该处理好校内外合作过程中自我角色的变化，在实践活动中，培养自己自律的习惯。

2. 实训基地的管理

高校的实践教学训练场所是培养高技能人才的重要基地，好的实践训练场所，对高校来说是必不可少的，没有教学训练场所，就没有好的实践学习机会。从政府层面来看，地方政府应以实施国家级和省级高技能人才振兴计划为出发点，依托大型重点骨干企业（集团）、重点高职技工学校和职业技术培训机构，建设起能培养国家级和省级高技术人才的培养基地。实训基地分为两种，一种是校内封闭的实训基地；一种是与企业合作的校外实训基地。校内实训基地，对于高校来说，管理相对校外实训基地来说非常方便，实训班的学生在教师的带领下可以进行操作训练，教师在训练之前宣布实训场地的管理方案，让学生根据操作守则，规范地进行训练，学校聘请联合企业的技术人员对学生进行实操培训课程。若建立校外的实践基地或直接进入联合企业进行实操训练，从管理方面来说，会大大加强学校与企业的管理难度，这就需要学校教师和企业负责人相互配合，以达到训练目的。学校和企业可以建立联合培养办公室，对进入实践的学生管理在册，做好相关记录

### （四）考核评价环节的创新

1. 建立和完善高职教育考核制度

高校要建立和完善其教育考核制度，必须将社会需求、办学条件、办学质量、就业质量、社会服务等作为主要进行高校的评估内容。推进高职教育教学评估与评价模式的改革，转变学生评价机制，坚持以能力导向，突出学生学习和实践过程的评估考核。建立和完善学校、企业、行业组织、研究机构和其他社会组织参与的第三方评估体系，对不同层次、不同分类型的教学工作进行评估。

2. 建立“双证书”的考核评价体系

“双证书”一般出现职业技术的领域，它涵盖两种必需的证件，一种是高校的毕业证书，一种是相关专业的职业从事资格证。“双证书”是从事职业技术岗位人员在求职时必备的两个证书，也同样是用人单位必查的证件，很多用人单位根据应聘者的学历及证书确定工资待遇。我国教育部颁发的实施纲要里面提出，我国要全面实行“双证书”制度，必须做到持证上岗。必须要实行毕业考察和职业资格考察这两种制度，保证高校的学生在毕业时取得两证。职业

资格证书是技术岗位的上岗条件之一，若不取得相关证书就会被企业拒之门外，就像教师资格证，若没有教师资格证，毕业生就不能走上教师岗位，这是对学生以及学校的负责制度。拥有职业资格证的人员持证应聘、凭证上岗，这不仅是对学生操作实践的证明也是对企业用人的安全保障。

### （五）就业环节的创新

1. 建立就业和用人的保障政策

全国各级各地区政府部门，应该大力支持符合条件的高校建立相应的职业技能鉴定站点，完善高校毕业生获得相关专业资格证书的试行办法。各级各地区人民政府，应该创建公平、平等的就业创业环境，争取消除影响就业公平的一切因素，如：性别歧视、城乡差距、行业高低等，政府机关和事业单位在招聘时不得歧视高校的毕业生。提高企业高技能人才的收入，必须建立收入再分配制度，鼓励建立高技术人才服务津贴等相关补贴制度。

2. 用人单位岗前培训制度

在校学生无论平时的成绩多么优秀，在正式进入岗位前都要进行入职准备，也就是说要进行岗前培训。培训的形式也多种多样，可以采用“师徒制”，就是企业技术岗的老员工带新人；也可以采取集中培训制，就是集中培训同一批的新员工，大班培训的形式对比起一对一的师徒制来说具有操作方便、培训时间较短等特点，但是需要注意人数，否则不能达到很好的效果。最好是几种方式的结合，在规定时间内进行考核，让新入职的员工能够尽快地适应新环境。对于这些新职员，企业要注重对他们实操的培养，毕竟在学校和进入岗位独立操作存在本质上的差别，学生需要的是尽快把学到的理论知识，转换为实际的操作。所以说岗前培训制度是非常必要且重要的环节，岗前培训的内容注意一定要充分、具体、清晰。企业不仅需要在毕业生进入企业之后、上岗之前进行产前培训，也需要在此之前选派优秀的人员进入高校的课堂，为学生进行学校和工作衔接的培训。培训方式可以选择科技与人的结合，用高科技的手段进行实操演示再配合企业选拔的技术人员进行演示，这样的方式利于学生理解，对学生的实操训练有比较好的作用。

## 三、产教融合背景下人才培养方法的创新

### （一）构建实践创新机制

在产教融合的背景下，高校在培养人才的方式方法上需要创新。

第一，地方政府需要制定相关的实施细则。在产教融合培养模式里面，政府起到一个带头和支撑的作用，当地政府要根据当地区域经济发展的特点、企业发展的程度和产教融合的发展程度来制定符合当地经济特色的实施细则，政府制定的这些实施细则，主要是从大的方面做一个指导，由政府牵头，帮助企业和高校完成对口连接工作。政府要合理指导校企合作的规模，还要积极带动和帮助学生在校企合作的模式中获得更大的发展。在建立政府指导、校企合作这样的模式时，要遵循高校和企业之间资源共享、定向培训的原则，由政府出资补贴高校和企业，每年甚至每个学期都可以做定向委培学生的项目，让学生在学校的学习中可以多参与政府、企业和学校的项目，提升学生自身的能力素养、提高专业技术，让学生开阔眼界、积累经验、提高素质。政府的实施细则之中，需要重点提出的是，在学生实践或项目的学习中，企业和学校还有政府都必须参与到其中，做好学生的指导工作，带领学生认真完成项目。为了保护在危险岗位工作学生的生命安全和满足他们最基本的生活所需，给他们购买保险并给予他们相应工资。那些积极为学生实践提供锻炼机会的企业，应该得到相应的奖励，在这些奖励的激励下，学校和企业就会更积极地投身于为学生建设实践的场所中，这些都是企业和学校合作需要做到的。但这些奖励政策要有实质性的内容。而且，为了方便企业根据所获得的奖励的内容选择多少学生来企业开展实践，这些规定还应该具体一些，例如：什么样的情况可以获得什么样程度奖励，什么部门来认定该企业可以获得这些奖励等等。

第二，成立专人专门负责办公室。产教融合是一个较新且还没有完善的一个培养模式，现阶段的目标就是要完善产教融合的模式，其中最重要的一点是管理层的构建。必须要在政府的指导下，高校和企业互相配合，达成一致，必须加强区域内院校之间的合作交流，承担起提高高校教育发展的任务。在这样复杂多样的形势下，有必要成立专门的组织机构，如：校企合作办公室，由办公室专项专人负责高校与企业之间的事项安排。办公室的成立，并不是单独由政府、企业或者学校三者之一任何一个部分单独组成的，而是由三方出专人共同负责校企融合模式的构建。在政府部门制定的法规细则的指导下，认真进行工作的统筹安排，督促校企双方的交流，完成实践基地的建立并且进行巡视工作，对做得好的学校和企业进行表彰，给予更多的优惠政策，发挥领头羊的作用。

第三，加强公共实践基地建设。学校可以考虑建立学生实践基地，根据学生的实践能力进行相应的锻炼，在就业培训中表现突出者，可推荐就业。各地级市学生实践中心，实时把各大企业的实习岗位信息通告给学校，并把企业招聘实习生要求完整收集一并下达给学校。各个高校可以根据岗位表，再下发至不同学院不同专业的教师手上，让教师结合班上学生的情况，推荐到学校，再由学校推荐到企业。学校应该与企业签订实习生推荐协议，保障学生在实习中的安全，为学生安排好实习期间的各项工作，对在实习中表现优异的学生颁发证书，获得证书的同学在未来就业的时候，有被优先推荐的权利。学生在校外实践基地也就是对口企业中实习时，应该做好相应的记录工作，完成实践记录表，并在结束实践时上交给学校。学校和企业应该共同制定学生实习目标要求，构建一个合理的实践体系框架，并能突出学校和企业的优势与特点。建立实践基地要充分考虑学生的实际情况，突出校企融合培养模式的特点，要以培养高质量、高素质学生为目标。

第四，建立学生实践指导中心。为贯彻落实学生的实践政策，做好学生实践训练培养工作，监督高校学生实践完成情况，要建立学生实践指导中心，并且做网状管理结构的构建，由省政府建立全省高校的统战管理部，再逐级划分，建立市级指导中心分部直至校级，网状形式的结构统领全省。可以在省级指导中心的网页上发布全高校的信息，以及与各所学校对接的企业，把所有信息汇总上去，可以让各界人士观察到最新的动态。在实践指导中心网站上，还可以发布实践和就业信息，为学生的实践就业工作提供帮助。学生实践指导中心最重要的任务就是，负责接受学生实训基地的设立申报和资格审核、负责学生实训基地的检查和评估、负责组织学生实践岗位交流活动、负责实践岗位信息汇总、负责实时讯息的发布、负责培训实践证书的发放、负责协调省内外学生实践资源的互通，达到资源相互利用、合作共赢。

第五，由各市政府搭台建立实践基地。政府搭台建立实践基地的途径有：用人单位或相关校企主管部门向各市学生实践指导中心进行申报、各高校向各市学生指导中心推荐与本校合作的优秀的实践单位，然后实践指导中心来进行选择。实践基地需具备以下条件：合法化、规模化，能提供一定数量的学生实践岗位，具有充足的技能训练场所和良好的实践条件。要从内部对实践基地进行管理，严格要求基地的工作人员，做好相应的安保和医疗工作，这样不仅可以保证人员素质，还创造了良好的环境。从近年来的统计结果来看，如果实践基地注重对于学生的实际操作能力方面的训练，那么在这部分学生走入工作岗位之后，就会更快适应，也更容易作出成绩。

### （二）构建高职教育集团化

政府应鼓励构建地方高职教育集团化建设，充分发挥集团化办学优势，扩大办学规模。政府部门要鼓励高校依法建立高职教育集团，构建高职教育集团可以由各支持办学的行业组织、科研机构等做牵头工作，组建高职教育集团中的全产业机构组织，共同构建、完善管理结构和政策机制。实施高职教育集团建设工程，必须要多个高校相互连接，打造学生培训、员工培训、技能培训与鉴定为一体的高职教育集团。合理安排校舍、教师、资金和设备等优质资源的使用。重点建设几个省级或市级示范性的高职教育集团，形成带动发展的校企联盟组织。

### （三）政府保障体系的建立

健全的政府保障机制，可以保证地方高校和企业能够稳定有效地开展人才的共同培养，为确保产教融合构建顺利实施和运行，建议从建立良好的制度保障体系、建设相关的监督管理制度、加大教育经费的保障与投入三个方面入手。

1. 建立良好的制度保障体系

如果地方政府可以建立起良好的制度保障体系，那么对地方产业和高校合办的产教融合的办学模式的发展是非常有利的。建立健全良好的制度保障体系，不仅可以保护企业与高校的合法权益，还能提高产教融合办学方式的积极性，让企业能真正走进高校。建立良好的产教融合制度保障体系的政府应该从以下两个方面展开工作。

首先，政府及有关部门应该从高校的办学条件和地方经济发展的实际出发，再借鉴国外先进的产教融合模式，研究出适合我国各地区产教融合开展的具体相关规则，使产教融合一体化和实用技能人才的发展战略可以进一步地深入展开。

其次，政府应积极引导已经应用产教融合模式的学校与企业进行良好的互动合作，做好相关福利的分配工作、知识产权的共享、优惠政策、职称鉴定等方面的相关工作，确保产教融合中的所有部门结构都能够感兴趣并且有动力地贯彻落实产教融合人才培养的模式。

2. 建设相关的监督管理制度

在学校和企业培养人才的过程中，政府应当作为“游戏规则的制定与监管者”，从而建立相应的监督管理制度。为了让高校和企业在公平、平等、合法、有效的环境下共同培养人才，完善政府部门的监管是非常有必要的。让学校和企业在产教融合人才培养的各个方面都能够享有充分的权利，承担应有的责任。政府部门在监督管理制度的建设方面应该从以下两方面着手。

第一，政府应该在学校和企业合作的过程中采取行政手段，建立各地地方行业协会、教育协会、校企合作联盟协会等。政府部门搭建产教融合、校企合作培养人才的平台，并由教育部门、高校和企业三方组成委员会进行育人指导。从而有效地推进高校在产教融合的背景下人才培养进程。

第二，为了预防各地高校在校企合作人才培养过程中出现方向上的错误，政府部门应该为学校和企业建立咨询和指导机构，提供及时的帮助。从而让高校产教融合人才培养的过程能顺利进行。

3. 加大教育经费的保障和投入

政府在职业教育经费上的投入力度很大程度上会影响高校人才培养模式的顺利进行。有必要认识到校企合作的重要性，所以相关部门可以从以下四个方面进行。

第一，各级地方政府应该加大对高校的财政支持力度，增加对高校的财政投入比例，加大拨款，减小高校与普通高校在教学经费上的差距，让高校有足够的经费来进行产教融合、校企合作，从而提高人才培养的质量。

第二，各级地方政府可以从扶贫经费中提取一部分用来支持偏远地区高校的发展。从某种角度来说，偏远地区高校培养学生，也是在一定程度上进行教育扶贫。因此，给予偏远地区高校充足、稳定的经费，能够确保高校培养的学生的质量，从而能提高学生的就业率。

第三，各级地方政府应该制定并颁布对高校校企合作的政策优惠及财政扶持。对那些产教融合、校企合作育人做得好的高校给予相应的奖励，如税收优惠、贴息补助等，以此来肯定它们在校企合作中所做的努力和取得的成就。

第四，政府部门可以通过建立专项资金资助、政府购买、银行贷款免息、向社会筹集资金等方式为高校提供教学经费。

最后，高校走产教融合的道路是时代所趋、市场所需，对人才培养模式的创新也是必行之路。高校对于人才培养模式的改革，其过程不仅漫长而且复杂，涉及的层面和主体很广。所以高校产教融合人才培养模式还有“一段路程”要走。

# 参考文献


[1] 仵自连．中国高等职业教育回顾与展望 [M]．徐州：中国矿业大学出版社，2008.

[2] 姚红，张建．聚焦高职 [M]．北京：红旗出版社，2009.

[3] 王孝坤，李维维．高职教育强校实践与战略理论探索 [M]．杭州：浙江大学出版社，2011.

[4] 刘印房．地方本科高校校企协同创新机制构建研究 [M]．北京：科学技术文献出版社，2018.

[5] 周光勇，宋全政．高等职业教育导论 [M]．济南：山东教育出版社，2003.

[6] 张传义，徐涵．职业教育教学实验的探索 [M]．沈阳：东北大学出版社，2001.

[7] 雷海明．职业培训手册 [M]．太原：山西人民出版社，2008.

[8] 贺耀敏，丁建石．职业教育十大热点问题 [M]．北京：中国人民大学出版社，2015.

[9] 邓泽民，王立职．现代五大职教模式 [M]．北京：中国铁道出版社，2015.

[10] 邓泽民，张扬群．现代四大职教模式 [M]．2 版．北京：中国铁道出版社，2011.

[11] 何向荣．高职教育创新创业研究基于平衡计分卡理论 [M]．上海：上海交通大学出版社，2014.

[12] 郎名华，宋春林．中职 1146 教学模式 [M]．天津：天津科学技术出版社，2008.

[13] 姚纪欢．新思路、新发展应用型人才培养模式的理论及实践 [M]．北京：中国社会科学出版社，2014.

[14] 刘福军，成文章．高等职业教育人才培养模式 [M]．北京：科学出版社，2007.

[15] 和震，李玉珠，魏明．职业教育产教融合制度创新 [M]．北京：科学出版社，2018.

[16] 冯晋祥．中外高等职业技术教育比较 [M]．北京：高等教育出版社，2002.

[17] 陈贵．中国当代教育思想宝库 [M]．北京：人民日报出版社，2005.

[18] 徐涵．现代职业教育发展与反思 [M]．北京：高等教育出版社，2014.
[19] 陈至昂．职业教育模式创新与规范管理全书下 [M]．长春：吉林摄影出版社，2002.
[20] 尹庆民．校企合作研究基于应用型高校的模式及保障机制 [M]．北京：知识产权出版社，2012.
[21] 李静秋，唐羽．应用型大学人才培养与中小企业人力资本积累互动研究 [M]．吉林出版集团股份有限公司，2017..
[22] 邓泽民，王宽．现代四大职教模式 [M]．北京：中国铁道出版社，2006
[23] 崔艳丽．如何建设中职学校“双师型”教师队伍 [M]．长春：吉林教育出版社，2010.
[24] 张忠信，高红梅．校企合作的理论探索与实践 [M]．沈阳：辽宁大学出版社，2007.
[25] 姜树林．四川职业教育探索四川省职业教育与成人教育学会 2016 年成果汇编 [M]．成都：电子科技大学出版社，2016.
[26] 杨国祥，丁钢．高等职业教育发展的战略与实践 [M]．北京：机械工业出版社，2006.
[27] 李志德．市场机制与产品质量发展理论与实证研究 [M]．广州：暨南大学出版社，2015.
[28] 徐金寿．理实融合实践育人“全程式”实践人才培养模式 [M]．杭州：浙江大学出版社，2010..
[29] 黄炎培；中华职业教育社．黄炎培教育文集第 4 卷 [M]．北京：中国文史出版社，1995.
[30] 陈广庆．黄炎培职业教育思想 [M]．北京：红旗出版社，2006.
[31] 谭贞．新建本科院校转型发展模式研究 [M]．北京：科学出版社，2017.
[32] 李兴业，王淼．中欧教育交流的发展 [M]．济南：山东教育出版社，2010.
[33] 颜彩飞．高职院校校企合作机制创新研究 [M]．长沙：中南大学出版社，2016.